Wie man Grenzen setzt

Meistern Sie die Kunst des Nein-Sagens, hören Sie auf, anderen gefallen zu wollen, und verschaffen Sie sich Respekt, ohne sich schuldig zu fühlen

Inhaltsverzeichnis

Einführung

Erinnern Sie sich noch an den Erdkundeunterricht in der Grundschule? Erinnern Sie sich, wie Ihr Lehrer eine Weltkarte hervorholte und Ihnen erklärte, wie die verschiedenen farbigen Linien die Ländergrenzen markierten?

Ein physisches Merkmal wie ein Fluss kann manchmal als natürliche Grenze zwischen Gebieten dienen, aber in den meisten Fällen existieren die Linien, die wir auf der Karte sehen, in der realen Welt nicht. Auch wenn wir sie nicht sehen können, wissen wir, wann wir dem Gebiet eines anderen Landes zu nahegekommen sind und ziehen uns zurück.

Aus verschiedenen Gründen ist dieses Konzept auf einer Landkarte viel leichter zu verstehen als in unseren Beziehungen. Leider treffen wir nur selten auf Situationen, in denen wir durch physische Mauern von anderen Menschen getrennt sind. Selbst wenn es Grenzen gibt, funktionieren sie nicht immer und andere Menschen können die Grenze auf die eine oder andere Weise überschreiten.

Dann ist es wichtig, eine gewisse emotionale oder psychologische Distanz aufzubauen. Auf diese Weise teilen Sie den anderen Ihre Grenzen mit, zum Beispiel in Bezug auf moralische Unterstützung und körperliche Arbeit, wenn Sie um Hilfe oder Anleitung bitten, und wie oft Sie sich melden sollen.

Obwohl immer wieder von der Notwendigkeit gesprochen wird, gesunde, emotionale und persönliche Grenzen zu setzen, ist dies oft leichter gesagt als getan. Wir haben gehört, dass wir „Grenzen setzen" sollen, aber was bedeutet das und wie machen wir das?

Das ist kein Thema, das wir in der Schule wie Geografie behandelt haben. Es wurde nie allgemein gelehrt, wie wir es nutzen können, um gute Beziehungen in unserem persönlichen Leben zu fördern, so dass die meisten von uns es durch persönliche Erfahrung lernen müssen.

Dieses Buch enthält eine Schritt-für-Schritt-Anleitung dazu, wie Sie Grenzen setzen können, um gute berufliche, persönliche und soziale Beziehungen zu pflegen und gleichzeitig Ihre geistige, soziale und emotionale Gesundheit zu schützen. Im Vergleich zu anderen Ratgebern ist dieses Buch zugänglicher und benutzerfreundlicher und verfolgt einen praktischen, handlungsorientierten Ansatz.

Stellen Sie sich manchmal vor, wie anders Ihr Leben sein könnte, wenn die Menschen, die Ihnen am wichtigsten sind, Ihr Bedürfnis nach Freiraum anerkennen würden?

Wie oft wünschen Sie sich, es gäbe eine einfache Methode, um nicht „Ja" sagen zu müssen, wenn Ihnen nicht danach ist?

Würden Sie gerne Selbstliebe erforschen, ohne sich schuldig zu fühlen?

Wenn das auf Sie zutrifft, haben Sie wahrscheinlich zu viel Zeit damit verbracht, andere glücklich zu machen.

Vielleicht sagen Sie immer „Ja", weil Sie Angst haben, dass die andere Person enttäuscht oder wütend sein könnte, wenn Sie „Nein" sagen, und Sie zu Dingen zwingen könnte, die Sie eigentlich gar nicht tun wollten.

Wenn das zu oft passiert, kann es sein, dass man Sie bald für selbstverständlich hält und Dinge von Ihnen erwartet, die Sie gar nicht tun wollen. Der Gebrauch des Wortes „Nein" entgleitet Ihnen immer mehr. Wenn Sie versuchen, Grenzen zu setzen, werden Sie von anderen als hart oder pessimistisch beschrieben. Es kann auch schwierig sein, andere dazu zu bringen, Ihre Urteile und Bedürfnisse anzuerkennen, ohne dass es zu Meinungsverschiedenheiten kommt.

In diesem Buch lernen Sie, auf sich selbst zu achten und Grenzen zu setzen, ohne sich schlecht oder schuldig zu fühlen.

Der Weg, der vor Ihnen liegt, mag steinig sein und Selbstreflexion über Ihre Motive und Denkweisen erfordern, aber mit diesen Veränderungen werden Sie in der Lage sein, feste Grenzen zu setzen und an diesen festzuhalten, wenn sie auf die Probe gestellt werden.

Darüber hinaus werden Sie Methoden kennenlernen, wie Sie Ihre Angst, Grenzen zu setzen, und Ihre Schuldgefühle, sich von geliebten

Menschen zu entfernen, überwinden können.

Ich hoffe, dass Sie diese Gelegenheit nutzen, um mehr über sich selbst zu erfahren und sich über Ihre Erfolge zu freuen.

Kapitel 1: Vom Nutzen, Grenzen zu setzen

Menschen zu gefallen ist ein Spiel, das fast jeder auf die eine oder andere Weise spielt. Es ist leicht, anderen mit unseren Worten, Taten und Entscheidungen zu gefallen. Dies auf Kosten des eigenen Wohlbefindens zu tun, ist jedoch nicht gesund. Ständig die Bedürfnisse anderer über die eigenen zu stellen, kann sich negativ auf die psychische Gesundheit auswirken und zu Gefühlen wie Groll, Stress und Angst führen. Es allen recht machen zu wollen, kann sehr anstrengend sein, wenn man seine eigenen Grenzen nicht kennt und setzt. Es kostet Zeit, Energie und geistigen und emotionalen Raum. Es gibt viele Möglichkeiten, wie Menschen in unserem Leben toxisch oder negativ sein können, sei es ein Freund, der uns auslaugt, indem er uns ständig um Gefallen bittet, ohne etwas zurückzugeben, ein Familienmitglied, das ständig negativ ist und uns runterzieht, oder ein Partner, der uns manipuliert und kontrolliert.

Es ist ein schmaler Grat dazwischen, Menschen gefallen zu wollen und gesunde Grenzen zu setzen.

https://www.pexels.com/photo/photo-of-men-having-conversation-935949/

In jedem dieser Szenarien und auch in anderen, die hier noch nicht erwähnt wurden, ist es wichtig zu verstehen, welche Vorteile es hat, anderen Grenzen zu setzen, um zu verhindern, dass Sie ihnen weiterhin etwas geben (in diesem Fall Ihre Zeit, Energie usw.), was sie nicht zurückgeben wollen. In diesem Kapitel wird untersucht, warum und wie das Setzen von Grenzen ein gesunder Weg ist, sich vor Ausbeutung zu schützen.

Was sind persönliche Grenzen?

Grenzen sind ein Grundpfeiler sowohl für ein gesundes Selbstwertgefühl als auch für gesunde Beziehungen. In dem Buch „Grenzen als Genesungskonzept" von Peggy L. Ferguson, Ph.D., wird betont, dass die Fähigkeit, gesunde Grenzen zu setzen, auch ein Zeichen dafür ist, dass ein genesender Suchtkranker oder ein Traumaopfer sich erholt. Daher ist das Setzen von Grenzen ein klares Zeichen für eine gute soziale Integration oder Reintegration. Grenzen sind die unsichtbaren Mauern, die uns vor Menschen und Dingen außerhalb unserer Komfortzone schützen. Sie sind die Linien, die wir ziehen, um Menschen, Ideen, Aktivitäten oder Situationen auf Distanz zu halten. Der Schlüssel zu einem gesunden und glücklichen Leben liegt darin, sich selbst Grenzen zu setzen. Grenzen schützen vor Stress, Angst und Burnout. Wenn Sie keine klaren Grenzen in Ihrem Leben haben, kann es schwierig sein zu erkennen, wann es an der Zeit ist, zu etwas Neuem oder Verlockendem „Nein" zu sagen. Wenn Sie sich selbst Grenzen setzen, haben Sie das Gefühl, Ihr Leben besser im Griff zu haben. Sie wissen dann, wann Sie sich aus Situationen zurückziehen müssen, die Sie überfordern. Grenzen helfen auch, einem Burnout vorzubeugen, indem sie Ihnen Raum und Zeit geben, sich bei Bedarf wieder aufzuladen.

Während wir aufwachsen, lernen wir, die Menschen um uns herum zu erkennen. Wir entwickeln ein Gefühl dafür, wer „wir" und wer „sie" sind. Die Fähigkeit, uns selbst von anderen zu unterscheiden, ist einer der wichtigsten Meilensteine in unserer Entwicklung. Die Fähigkeit, zwischen „uns" und „denen" zu unterscheiden, ermöglicht es uns, Grenzen zwischen uns und anderen zu ziehen (und nicht das Gefühl zu haben, mit ihnen verschmelzen zu wollen!) Als Kinder wollen wir dazugehören und akzeptiert werden. Wir wollen, dass man uns mag, dass man uns vertraut und dass man uns als Erweiterung unserer selbst sieht. Wenn dies nicht der Fall ist, neigen wir dazu, sehr anhänglich oder übermäßig abhängig von anderen zu werden, um uns sicher, geborgen und bestätigt zu fühlen. Um zu verstehen, wo Ihre Grenzen liegen, müssen Sie sich mit den körperlichen, emotionalen und kognitiven Faktoren auseinandersetzen, die diese Grenzen beeinflussen. Wenn Sie mehr über die zugrundeliegenden Faktoren wissen, können Sie verstehen, was Ihren Mangel an Grenzen auslöst und wie Sie darauf reagieren können, um sich angemessen zu fühlen. Hier sind einige Grenzen, auf die Sie achten sollten, um Ihr Selbstwertgefühl zu erhalten

Physische Grenzen

Grenzen sind ein wesentlicher Bestandteil jeder Beziehung. Auch wenn sie anfangs als zusätzliche Unannehmlichkeit oder Einschränkung empfunden werden, können sie, sobald man sich an sie gewöhnt hat, dazu beitragen, Beziehungen gesund zu erhalten und übermäßiges Engagement zu verhindern. Körperliche Grenzen können dazu beitragen, Menschen vor unangenehmen oder unsicheren Situationen zu schützen und Formen des emotionalen oder körperlichen Missbrauchs zu verhindern. Sie können auch dazu beitragen, dass andere Menschen Ihre Zeit respektieren, indem sie Sie nicht unterbrechen, während Sie mit jemandem sprechen oder etwas anderes tun.

Um körperliche Grenzen wirksam zu setzen, müssen Sie sich selbst kennen und wissen, was für Sie angenehm und sicher ist.

Möglicherweise haben Sie im Privatleben andere Grenzen als am Arbeitsplatz. Es ist auch wichtig, dass Sie Ihre Grenzen klar und ehrlich kommunizieren, damit Ihr Partner und die Menschen in Ihrem Umfeld verstehen, was von ihnen erwartet wird und warum. Grenzen müssen nicht konfrontativ oder argumentativ gesetzt werden. Es kann so einfach sein, „Nein" oder „Stopp" zu sagen, wenn Sie Abstand brauchen, oder sich mit Ihrem Partner, Kollegen, Freund oder Familienmitglied zusammenzusetzen, wenn Sie über etwas sprechen möchten, das Ihnen unangenehm ist. Seien Sie sich darüber im Klaren, was Sie wollen. Es ist wichtig, dass Sie Ihre Werte von Anfang an klar formulieren, damit alle Beteiligten von Anfang an den gleichen Wissensstand haben. Wenn Sie wissen, was Ihnen am wichtigsten ist, können Sie besser einschätzen, ob jemand zu Ihnen passt und wann Sie sich zu sehr (oder zu wenig) auf eine Beziehung einlassen. Außerdem sollte das Setzen körperlicher Grenzen niemals dazu dienen, den Partner zu kontrollieren. Es sollte eine gemeinsame Entscheidung von Ihnen beiden sein. Grenzen sind nicht in Stein gemeißelt. Sie können sich im Laufe der Zeit ändern, wenn sie nicht mehr angemessen erscheinen.

Emotionale Grenzen

Grenzen sind ein wichtiges Instrument, um emotionale Gesundheit zu erreichen. Sie helfen uns, klare und gesunde Grenzen in unserem Umgang mit anderen und mit uns selbst zu setzen. Wenn wir keine starken Grenzen haben, können wir uns machtlos und unfähig fühlen, unsere Gefühle oder unser Verhalten zu kontrollieren. Jemand, der sich in einer toxischen Beziehung befindet, kann zum Beispiel Schwierigkeiten haben, die Situation zu verlassen, weil er das Gefühl hat, sich selbst oder seinem eigenen Urteil nicht vertrauen zu können. Jemand, der gesunde Grenzen hat, kann dagegen eine Beziehung ohne Probleme beenden, ohne von Traurigkeit oder Reue überwältigt zu werden. Um gesunde Grenzen zu setzen, sollten Sie genau wissen, was Sie von anderen wollen und brauchen. Machen Sie Ihre Erwartungen klar, damit Sie sich nicht enttäuscht oder verletzt fühlen, wenn sie nicht erfüllt werden. Wenn Sie sich über Ihre Bedürfnisse im Klaren sind, können Sie auch für sich selbst sorgen, wenn Sie Freiraum oder Unterstützung brauchen.

Sexuelle Grenzen

Zunächst ist es wichtig zu erkennen, durch welche Ereignisse Sie sich verletzt fühlen. Das bedeutet, dass es Anzeichen dafür gibt, dass Ihre

Grenzen überschritten werden. Wenn Ihr Partner ständig versucht, Sie zum Geschlechtsverkehr zu überreden, oder wenn er Sie ständig auf eine Weise berühren will, die Ihnen unangenehm ist, dann sind das Anzeichen dafür, dass er Ihre Grenzen verletzt. Diese Anzeichen können sehr subtil sein, deshalb sollten Sie genau hinhören, was Ihr Partner sagt. Wenn er/sie sagt, dass er/sie Sie liebt, Sie sich aber unwohl fühlen, wenn er/sie Sie auf eine bestimmte Art berührt, dann sind das Anzeichen dafür, dass er/sie Ihre Grenzen verletzt. Wenn er/sie die Situation konsequent ignoriert oder versucht, sein/ihr Verhalten zu rechtfertigen, indem er/sie sagt: „Das ist doch keine große Sache" oder „Das ist doch nur eine Umarmung", dann sind das ebenfalls Anzeichen dafür, dass er/sie Ihre Grenzen verletzt.

Der erste Schritt, um anderen Menschen sexuelle Grenzen zu setzen, ist zu wissen, wann man sich verletzt fühlt. Wenn man sich dessen bewusst ist, besteht der nächste Schritt darin, der anderen Person diese Gefühle deutlich zu machen. Dies kann auf verschiedene Weise geschehen: indem man offen sagt, wie man sich fühlt (zum Beispiel „Ich möchte jetzt keinen Sex mit dir haben"), indem man ausdrücklich um etwas bittet (zum Beispiel „Können wir bitte aufhören?") und indem man offen und direkt sagt, was man von der sexuellen Beziehung erwartet (zum Beispiel „Ich mag es/ mag es nicht, wenn...").

Intellektuelle Grenzen

Geistige Grenzen sind ein Leitfaden dafür, wie weit Sie anderen erlauben, in Ihren Kopf einzudringen. Diese Grenzen helfen, den Frieden zu bewahren, und können von Ihnen selbst oder von anderen gesetzt werden. Sie können auch von Ihnen selbst ausgehandelt und festgelegt werden, wenn Sie das Gefühl haben, dass jemand versucht, Sie zu kontrollieren. Wenn jemand Ihre Überzeugungen beleidigt, vertritt er eine Meinung, die völlig unangemessen ist und Sie nicht unterstützt. Die Überzeugungen einer anderen Person zu beleidigen bedeutet, sie als falsch, dumm oder unreif abzutun. Das Überschreiten dieser Grenzen kann auf viele verschiedene Arten geschehen. Es kann passiv-aggressiv und bösartig sein, wenn jemand zum Beispiel sagt, man sei zu sensibel oder man solle nicht so emotional sein. Sie kann aber auch direkter und aktiver sein, wenn jemand etwas direkt zu einem sagt, z.B: „Weißt du was? Ich finde wirklich nicht, dass du dich um die Umwelt kümmern solltest! Du solltest in dein Auto steigen und eine Runde fahren!" Eine häufige Form, intellektuelle Grenzen zu überschreiten, besteht darin, jemanden herabzuwürdigen, indem man ihm sagt, dass seine Denkweise

„nur eine Phase" sei, oder „Du wirst bald daraus herauswachsen", oder „Du bist neu auf diesem Gebiet – du weißt nicht, wovon du redest!".

Es ist gut, dass es intellektuelle Grenzen gibt, denn sie schützen unser Selbstbild davor, von anderen geformt zu werden. Wir sind stark, wenn wir unseren persönlichen Werten und Überzeugungen treu bleiben. Aber wenn jemand versucht, das, woran wir glauben, einzuschränken, dann müssen wir mehr intellektuelle Grenzen setzen.

Finanzielle Grenzen

Die Festlegung eines finanziellen Limits für jede Person in der Beziehung ermöglicht beiden Partnern eine gewisse finanzielle Autonomie. Auf diese Weise muss sich der eine Partner keine Sorgen machen, dass er mehr ausgibt als der andere und kann seine eigenen Finanzen genießen, ohne sich schuldig zu fühlen. Geld in einer Beziehung kann ein schwieriges Thema sein. Beide Partner haben leicht das Gefühl, dass ihr Partner sie ausnutzt oder sie daran hindert, Spaß zu haben. Geldfragen können zu Spannungen, Stress und sogar Streit führen.

Damit Geld in Ihrer Beziehung funktioniert, sollten Sie einige Dinge beachten:

1. **Die finanzielle Situation Ihres Partners kennen.** So können Sie sich ein besseres Bild davon machen, wie viel Geld er/sie hat und was er/sie sich leisten kann.

2. **Sprechen Sie darüber, wie Sie Ihr Geld ausgeben wollen und was es für jeden von Ihnen bedeutet.** Lassen Sie ihn/sie wissen, wie seine/ihre Ausgaben sich auf Ihr Leben und Ihre Finanzen auswirken, damit er/sie versteht, wie sich seine Entscheidungen auf Sie auswirken.

3. **Wenn Sie gemeinsame Konten haben, stellen Sie sicher, dass Sie beide Zugriff darauf haben.** Wenn eine Person keinen Zugriff auf das Konto hat, muss sie die Erlaubnis der anderen Person einholen, bevor sie Änderungen am Konto vornehmen kann, was sich einengend anfühlen kann.

4. **Wenn eine Person mehr einzahlt als die andere,** versuchen Sie eine 50/50 Aufteilung oder stellen Sie zumindest sicher, dass beide Personen wissen, wohin ihr Geld fließt, um Überraschungen, Verärgerungen oder passiv-aggressive Gefühle zu vermeiden.

Der Nutzen, Grenzen zu setzen

Grenzen setzen hilft Ihnen, Ihre persönlichen Grenzen zu erkennen und Ihre Bedürfnisse und Wünsche durchzusetzen. Es gibt Ihnen die Macht, nein zu sagen, wenn es nötig ist, Ihre Wünsche und Gefühle auszudrücken und das Gefühl, die Kontrolle über Ihr Leben zu haben. Das Setzen von Grenzen ermöglicht es Ihnen auch, Prioritäten für Ihre Zeit, Energie und Aufmerksamkeit zu setzen, was sehr ermutigend sein kann. Davon profitieren nicht nur Sie selbst, sondern auch die Menschen um Sie herum. So werden Familienmitglieder Ihre Wünsche eher respektieren und beachten, wenn sie wissen, worauf sie sich einlassen. Sie werden auch weniger Angst haben, wenn sie wissen, was von ihnen erwartet wird. Freunde nehmen eher Rücksicht auf Ihre Zeit, wenn sie wissen, wie viel Zeit Sie für sie haben. Klare Grenzen sind also für alle von Vorteil. Dazu müssen Sie aber Ihre Angst, „Nein" zu sagen, überwinden und selbstbewusst auftreten.

Sie werden ein besserer Kommunikator sein

Wenn sich zwei Menschen nicht über ihre Grenzen einig sind, kommt es oft zu Missverständnissen und Streit. Wenn Sie Ihre Bedürfnisse nicht kommunizieren, geraten Sie in einen Teufelskreis: Sie fühlen sich als Opfer, missverstanden und nicht respektiert – und das alles bei dem Versuch, Grenzen zu setzen. Im Grunde genommen ist das nicht möglich, wenn man seine Wünsche nicht äußert. Wenn Sie wissen, wo die andere Person ihre Grenzen sieht, können Sie diese respektieren und effektiv kommunizieren. Wenn Sie klare Grenzen setzen, können Sie sich sicher und geborgen fühlen und sich klar ausdrücken. Wenn Sie Ihre Bedürfnisse mitteilen und klare Grenzen setzen, werden Sie in einer Beziehung und im Berufsleben eher bekommen, was Sie wollen.

Sie werden durchsetzungsfähiger

Es gibt viele Gründe, warum es Menschen schwerfällt, Grenzen zu setzen. Manchen Menschen fällt es schwer, Nein zu sagen. Vielleicht haben Sie Angst, jemanden zu verletzen oder zu verärgern. Vielleicht haben Sie Angst, schlecht dazustehen, wenn Sie sich wehren. Oder Sie interpretieren die Signale anderer einfach falsch. Bei so vielen Gründen ist es kein Wunder, dass es schwierig sein kann, Grenzen zu setzen. Wie kann man diese Hindernisse überwinden?

Zuallererst müssen Sie erkennen, dass die Meinung anderer über Sie und Ihre Grenzen niemals bestimmen sollte, wie oder wann Sie Grenzen setzen. Finden Sie dann heraus, warum es Ihnen so schwerfällt, Grenzen zu setzen. Wenn Sie wissen, was Sie davon abhält, können Sie damit beginnen, diese Gründe nach und nach zu beseitigen. Wenn Sie beispielsweise dazu neigen, defensiv zu werden, wenn jemand Ihre Entscheidungen in Frage stellt, können Sie versuchen, selbstsicherer zu werden, bis diese negativen Gefühle durch positivere Gefühle wie Selbstvertrauen und Selbstbewusstsein ersetzt werden.

Sie werden Ihre Unabhängigkeit stärken

Grenzen sind die Linien, die man um die Dinge zieht, die man zu tun bereit ist. Wenn es um Unabhängigkeit geht, ist das Setzen von Grenzen ein wichtiger erster Schritt, um zu wissen, wozu man bereit ist und wozu nicht. Wenn Sie zum Beispiel nicht lange bei der Arbeit bleiben können (weil Sie sich nach einer langen und anstrengenden Woche auf Ihr Lieblingsessen zum Mitnehmen freuen), sollten Sie ein Machtwort sprechen und sich selbst zur Priorität machen. Ein weiterer Aspekt der Unabhängigkeit ist die Fähigkeit, Entscheidungen für sich selbst zu treffen.

Sie entwickeln einen Sinn für Frieden und Sicherheit

Wenn Sie für sich selbst keine klaren Grenzen haben, fühlen Sie sich wie ein Außenseiter, der nicht in das eigene Leben passt. Wenn Sie klare Grenzen für sich und andere haben, fühlen Sie sich sicherer und mit sich und anderen im Reinen. Starke Grenzen machen Sie auch mitfühlender. Sie helfen Ihnen, einfühlsamer zu sein und mehr Verständnis für die Bedürfnisse und Gefühle anderer aufzubringen. Die Fähigkeit, das Bedürfnis nach Autonomie zu erkennen, kann auch zu einem Gefühl der Unabhängigkeit führen, was zur emotionalen Widerstandsfähigkeit beiträgt.

Sie verfolgen einen proaktiven Ansatz für zukünftige Konflikte

Grenzen zu setzen ist das Beste, was Sie tun können, um zukünftige Konflikte zu vermeiden. Grenzen sind Linien, die festlegen, was Sie und die Menschen in Ihrem Umfeld tun oder nicht tun sollten. Wenn jeder am Arbeitsplatz und in Ihrem privaten Umfeld unterschiedliche Vorstellungen davon hat, was akzeptabel ist, oder wenn sich jemand ausgeschlossen oder unsicher fühlt, wird es sehr schwierig, Fortschritte zu erzielen. Grenzen helfen Ihnen, klare Regeln aufzustellen, an die sich alle halten können, so dass jeder weiß, was von ihm erwartet wird. Sie helfen Ihnen auch, sich bei Ihren Entscheidungen sicherer zu fühlen und mehr Kontrolle über Ihr Leben zu haben. Indem Sie Grenzen setzen, machen Sie einen Schritt weg von Schuldzuweisungen und der Übernahme von Verantwortung für alles, was in Ihrer Beziehung passiert. Sie sind nicht mehr dafür verantwortlich, dass für Sie beide alles perfekt läuft. Stattdessen können Sie sich darauf konzentrieren, den anderen besser zu verstehen und zu lernen, mit den Höhen und Tiefen des Zusammenlebens umzugehen.

Sie setzen sich selbst an die erste Stelle

Indem Sie klare und angemessene Grenzen setzen, können Sie sicherstellen, dass Ihre Bedürfnisse erfüllt werden.

Es geht darum, zu prüfen, wie viel Unterstützung, Zeit und Energie Sie bereit sind, einer anderen Person zu geben. Wenn Sie nicht in der Lage sind, dem anderen zu geben, was er von Ihnen möchte, dann geben Sie es ihm nicht. Je mehr Sie geben, desto eher werden Sie frustriert und ausgebrannt sein. Wenn Sie Grenzen setzen, haben Sie Ihr Leben besser im Griff und sind weniger gestresst. Sie sagen „Nein" zu Dingen, die Sie stressen. Wenn Sie einmal „Nein" zu diesen Dingen gesagt haben, wird es Ihnen leichter fallen, „Ja" zu anderen Dingen zu sagen, die Ihnen wichtiger sind. Sie werden auch feststellen, dass andere Ihre Grenzen respektieren und wahrscheinlich andere Optionen wählen, die mehr mit Ihren Werten übereinstimmen.

Im Leben gibt es viele Menschen, die bereit sind, Ihnen ihre Zeit kostenlos zur Verfügung zu stellen. Diese Menschen können Freunde, Familienmitglieder, Nachbarn oder sogar Bekannte sein, die Sie online kennengelernt haben. Wenn es jedoch darum geht, mit ihnen auf einer persönlichen Ebene zu interagieren, müssen Sie Grenzen setzen, damit Sie nicht überfordert werden und es ihnen später übelnehmen. Viele Menschen denken nicht daran, Grenzen zu setzen, es sei denn, sie wurden wiederholt von einer anderen Person ausgenutzt. Das Setzen von Grenzen kann Ihr Leben jedoch einfacher machen und gleichzeitig Ihre Zeit und Energie als Ressource in Ihrem Leben schützen.

Wenn Sie die Vorteile von Grenzen kennen, haben Sie auch einen Anreiz, Grenzen zu setzen. Nun, da Sie eine bessere Vorstellung davon haben, was zu tun ist, lesen Sie weiter und entdecken Sie eine Fülle von Informationen und praktischen Schritten, die Sie unternehmen können, um diese wichtige Lebenskompetenz zu erlernen.

Kapitel 2: Wie Sie Schuldgefühle vermeiden und gesunde Grenzen setzen

Grenzen sind die Einschränkungen, die Sie in Ihren Beziehungen setzen. Sie bestimmen, was erlaubt und was verboten ist. Das Setzen und Einhalten von Grenzen ist entscheidend für unsere psychische und emotionale Gesundheit. Unangemessene Schuldgefühle können zu Spannungen führen, die uns daran hindern, unsere Missbilligung gegenüber anderen auszudrücken. Wenn Sie sich schuldig fühlen, wenn Sie anderen Grenzen setzen wollen, haben Sie einschränkende Überzeugungen in Ihrem Kopf.

In diesem Kapitel sprechen wir über den Unterschied zwischen gesunden und ungesunden Formen von Schuldgefühlen und darüber, wie man negative Gedanken und Prozesse transformieren kann, um Grenzen zu setzen und Schuldgefühle loszulassen.

Es ist wichtig, gesunde Grenzen zu setzen, um ungerechtfertigte Schuldgefühle zu vermeiden.
https://www.pexels.com/photo/multiracial-friends-bullying-female-on-street-6147385/

Grenzen sind wichtig für die Selbstfürsorge, weil sie vor Schaden schützen, wenn sie gesetzt werden. Das Setzen, Einhalten und Durchsetzen von Grenzen, die über das hinausgehen, was man sich für sich selbst wünscht, ist entscheidend für die Gesundheit und das psychische Wohlbefinden.

Angepasste und unangepasste Schuldgefühle: Sind Sie schuldig oder nicht?

Adaptive Schuldgefühle sind hilfreich, weil sie uns dazu anspornen, uns zu verbessern. Wenn wir in einer Weise handeln, die unseren Werten widerspricht, fühlen wir uns natürlich schuldig. Im Gegensatz dazu kann die verzerrte Perspektive, die zu unangemessenen (maladaptiven) Schuldgefühlen führt, von kulturellen Überzeugungen, religiösen Lehren, frühen Lebensereignissen oder übermäßiger Selbstkritik herrühren.

Adaptive Schuldgefühle

Ihr Moralkodex verlangt, dass Sie anderen nicht absichtlich Schaden zufügen. Es ist zum Beispiel natürlich und gesund, sich schuldig zu fühlen, wenn man jemandem durch unvorsichtiges Fahren körperlichen Schaden zufügt. Man fühlt sich schlecht wegen seiner Tat und möchte sie wieder gut machen.

Adaptive Schuldgefühle motivieren Sie, Ihr Verhalten zu ändern und Ihre Werte aufrechtzuerhalten.

Unangemessene Schuldgefühle

Unangemessene Schuldgefühle werden häufig durch religiöse oder kulturelle Lehren oder übermäßig kritische Beurteilungen des eigenen Charakters und Verhaltens verursacht. Unangemessene Schuldgefühle untergraben das Selbstwertgefühl und das Wohlbefinden und verursachen Unbehagen. Sie neigen dazu, ungünstige Konzepte zu entwickeln.

Es ist Zeit für eine Umstrukturierung

Wenn man sich selbst kritisch betrachtet, ist es leicht, hart mit sich ins Gericht zu gehen und sich egoistisch, rücksichtslos, unhöflich oder anderweitig unangenehm zu fühlen. Wenn man selbstkritische, negative Selbstgespräche führt, die zu Schuldgefühlen führen, ist das Scheitern vorprogrammiert. Eine Umstrukturierung würde in diesem Fall bedeuten, den negativen Gedanken eine wahre Aussage über sich selbst entgegenzusetzen.

Anstatt über Ihre vermeintliche Unfreundlichkeit zu grübeln, versuchen Sie, die folgenden Aussagen vor sich zu wiederholen und darüber nachzudenken, wie sie auf Sie zutreffen.

„Ich habe das Recht auf Privatsphäre.“

„Ich bin ein verlässlicher Gefährte.“

„Gute Freunde können frei und ehrlich miteinander kommunizieren.“

„Wenn ich ihr etwas erzähle und sie höflich darum bitte, es niemandem sonst zu erzählen, macht mich das nicht zu einem schlechteren Freund.“

Negative Gedanken zu bekämpfen, indem man sich auf die Fakten konzentriert, kann helfen, eine positivere Richtung einzuschlagen.

Gesunde und ungesunde Grenzen

Vielen Menschen fällt es schwer, gesunde Grenzen zu setzen und einzuhalten. Vielleicht wissen Sie gar nicht, was gesunde Grenzen sind, wenn Sie Schwierigkeiten haben, „Nein“ zu sagen oder sich selbst zu verteidigen. Wenn Sie ohne angemessene Grenzen aufgewachsen sind, müssen Sie diese vielleicht erst lernen.

Gesunde Grenzen

Jede Beschränkung, die Ihnen hilft, sich sicher und geborgen zu fühlen, ist eine gesunde Beschränkung. Es ist eine Chance, Ihre Grenzen zu setzen und zu entscheiden, was Sie akzeptieren und was nicht.

Wenn Sie gesunde Grenzen setzen, können Sie auch sicherstellen, dass es Konsequenzen gibt, wenn diese Grenzen überschritten werden. Diese Konsequenzen können hart oder sinnlos erscheinen, aber sie werden Ihnen zeigen, wie ernst Sie Ihre Regeln nehmen.

Wenn Ihr Partner eine emotionale oder körperliche Grenze überschreitet, können Sie ihn damit konfrontieren und Ihre Bedenken äußern.

Hier einige Beispiele für gesunde Grenzen:

- Sich seiner selbst bewusst zu sein und die Fähigkeit zu haben, seine Bedürfnisse und Wünsche anderen gegenüber wirksam zum Ausdruck zu bringen.
- Die eigenen Grenzen zu respektieren und sie nicht zum Wohle anderer zu opfern.
- Sich weigern nachzugeben und mit Zurückweisung gut umgehen zu können.
- Die eigene Identität zu bewahren und nicht zuzulassen, dass die Meinung anderer den eigenen Wert bestimmt.
- Anzuerkennen, dass die eigenen Gefühle gültig sind und dass die eigenen Bedürfnisse Respekt und Berücksichtigung verdienen.
- Die Ansichten anderer zu berücksichtigen, ohne die eigenen Ansprüche herabzusetzen oder die eigene Moral zu kompromittieren.

Ungesunde Grenzen

Ungesunde Grenzen sind solche, die geklärt oder konsequenter durchgesetzt werden müssen. Vielleicht versuchen Sie, Grenzen zu setzen, brauchen aber Hilfe, sie einzuhalten oder mit anderen darüber zu sprechen, wenn Probleme auftreten. Vielen Menschen fehlen persönliche Grenzen in ihren Beziehungen, was zu dominantem oder abhängigem Verhalten führen kann.

Ungesunde Grenzen sind auch Einschränkungen oder Begrenzungen, mit denen Sie Ihre Beziehungen zu Familie und Freunden kontrollieren. Denken Sie daran, dass Ihre Grenzen dazu da sind, Ihnen zu helfen und nicht andere zu kontrollieren.

Beziehungen mit ungesunden Grenzen können eine beunruhigende Tendenz zur Respektlosigkeit aufweisen. Wenn eine Person Schwierigkeiten hat, Grenzen zu setzen und einzuhalten, kann es für die andere Person schwierig sein, diese Grenzen zu respektieren.

Dies kann zu schädlichem Verhalten führen, zum Beispiel zu dominantem Verhalten, Verletzung der Privatsphäre und mangelndem Respekt vor dem persönlichen Raum. Damit Beziehungen zu anderen Menschen funktionieren, müssen beide Seiten damit einverstanden sein, angemessene Grenzen zu setzen und einzuhalten.

Hier sind einige Beispiele für ungesunde Grenzen:

- Sich respektlos gegenüber einer anderen Person zu verhalten, weil man mit ihren Prinzipien, Überzeugungen oder Ansichten nicht einverstanden ist.
- Nicht in der Lage zu sein, Zurückweisung zu akzeptieren oder „Nein" zu anderen zu sagen.
- Die Last auf sich nehmen, sich um die Gefühle und das Wohlergehen anderer zu kümmern.
- Das Gefühl zu haben, andere „reparieren" oder „retten" zu müssen.
- Jemanden ohne dessen Zustimmung zu berühren.

Elf Tipps, wie man gesunde Grenzen setzt

Im Folgenden finden Sie einige Ideen, die Ihnen helfen sollen, angemessene Grenzen zu setzen, ohne sich schuldig zu fühlen.

1. Erkennen Sie Ihren Wert

Das Bedürfnis, mit Respekt behandelt zu werden, ist der Kern jeder gesunden Grenze. Es ist wichtig zu wissen, dass Ihre Worte, Gedanken und Gefühle geschätzt werden. Was Sie brauchen, was Sie wollen und wie Sie sich fühlen, ist wichtig.

Wenn Sie sich selbst und anderen Grenzen setzen, sagen Sie damit, dass Sie wertvoll sind und mit Respekt behandelt werden sollten.

Dieses Verhalten bedeutet, dass Sie keinen Einfluss auf die Handlungen oder Überzeugungen anderer haben. Es ist unrealistisch anzunehmen, dass man Ihnen mit Respekt begegnet, wenn Sie sich nicht selbst als wertvoll empfinden.

Wie können Sie um Respekt bitten, wenn Sie sich nicht zuerst selbst Respekt zollen? Wenn Sie glauben, dass Sie wichtig sind und Respekt verdienen, sind Sie einen Schritt näher dran, gesunde Grenzen zu setzen, ohne sich schuldig zu fühlen. Es geht nicht darum, unangemessene Kontrolle über andere auszuüben, sondern darum, das zu tun, was Ihrer Meinung nach gut für Sie ist.

2. Seien Sie sich über Ihre Wünsche im Klaren

Seien Sie sich über Ihre Wünsche und deren Bedeutung im Klaren, bevor Sie eine Grenze festlegen. Wenn Sie Ihre Wünsche und Beweggründe zu Papier bringen, kann dies ein nützlicher Schritt vor der Festlegung einer Grenze sein.

Es wird Ihnen helfen, Ihre Wünsche richtig zu kommunizieren und sich zu konzentrieren, wenn es schwierig wird. Manche Menschen finden es hilfreich, ihre Antworten im Voraus zu planen und zu üben, bis sie sich sicher sind, wie die Dinge ablaufen werden.

3. Seien Sie in Bezug auf Ihre Forderungen nicht schüchtern

Am besten ist es, wenn Sie Ihre Grenzen präzise und kurz kommunizieren. Wenn Sie Ihre Grenzen mit zu vielen Ausreden, Erklärungen oder Entschuldigungen umschreiben, verwässern Sie ihre Wirkung. Achten Sie auf den Unterschied zwischen diesen beiden Aussagen:

> *„Hallo, John. Leider kann ich dir nächsten Sonntag nicht helfen."*

> *„Hallo, John. Ich würde dir gerne bei deiner Sonntagsschicht helfen, aber leider kann ich nicht. Es tut mir leid, aber an diesem Tag hat mein Sohn sein letztes Fußballspiel. Ich fühle mich verpflichtet, ihn zu unterstützen. Es tut mir leid, wenn ich dich beleidigt habe. Ich weiß, dass ich die Dinge besser planen muss. Ich muss mir alles besser merken.*

Das zweite Beispiel unterstreicht den Eindruck, dass es unangemessen ist, „Nein" zu sagen. Halten Sie die Dinge einfach und seien Sie sich bewusst, dass Sie das, was Sie brauchen, auch ohne Erklärung verlangen können.

4. Rechnen Sie mit Widerstand, aber lassen Sie sich davon nicht abschrecken

Manche Menschen werden negativ reagieren, wenn Sie beginnen, ihrem Verhalten Grenzen zu setzen. Diejenigen, die von den fehlenden Grenzen profitiert haben, werden Sie wahrscheinlich am wenigsten ermutigen, Ihr Verhalten zu ändern, da sie am meisten zu verlieren haben. Es kann einige Zeit dauern, bis einige Personen Ihr neues Verhalten akzeptieren.

Die Vermeidung von Meinungsverschiedenheiten ist eine beliebte Ausrede, um keine Grenzen zu setzen. Sie stellen das Wohlbefinden und das Glück anderer über Ihr eigenes, weil Sie keinen Ärger verursachen wollen. Wenn die Leute Ihre Grenzen nicht mögen, ist es leicht, in Apathie zu verfallen.

Aber nur, weil andere negativ auf Ihre Grenzen reagieren, heißt das nicht, dass Sie keine haben sollten. Sie sollten Unterstützung suchen und Vorkehrungen treffen, um Ihre eigene Sicherheit zu gewährleisten. Denken Sie daran, dass jedes Mal, wenn jemand Ihre Grenzen verletzt, dies ein Beweis dafür ist, dass Sie sie wahrscheinlich beibehalten sollten.

Sie haben keine Kontrolle darüber, wie andere auf Ihre Grenzen reagieren. Sie sind nicht verpflichtet, ihre Gefühle zu beschwichtigen oder die Schuld für ihr Verhalten zu übernehmen. Sie sind nur für Ihre eigenen Gedanken und Handlungen verantwortlich.

5. Grenzen setzen ist ein kontinuierlicher Prozess

Regeln und Erwartungen, die Eltern an ihre Kinder stellen, müssen den Kindern regelmäßig vermittelt werden. Gleiches gilt für das Setzen von Grenzen gegenüber Erwachsenen.

Es kann sein, dass Sie bei ein und derselben Person immer wieder Grenzen setzen müssen. Und wenn sich die Situation ändert, müssen neue Grenzen gesetzt werden. Es ist notwendig, immer wieder neue Grenzen zu setzen.

6. Setzen Sie Grenzen zu Ihrem eigenen Wohl, nicht um Dominanz über andere auszuüben

Grenzen sind nicht dazu da, ausgenutzt oder bestraft zu werden. Sie sind ein wichtiger Teil der Selbstfürsorge und ein Beispiel für Selbstfürsorge (obwohl auch andere davon profitieren).

Das Setzen und Einhalten klarer Grenzen in Ihrem Leben kann Ihnen helfen, körperlichen und seelischen Missbrauch oder Gewalt zu vermeiden, ebenso wie die Risiken, die entstehen, wenn Sie sich zu viel zumuten, zu viel arbeiten und sich gestresst fühlen.

Es ist natürlich, dass Sie sich wünschen, dass andere Ihren Freiraum respektieren, aber Sie müssen sich auch eingestehen, dass dies nicht immer möglich ist. Grenzen zu setzen ist eine Frage der Identität und der Bedürfnisse.

Ihre Grenzen zeigen: *„Ich bin wichtig." „Meine Gefühle sind wichtig." „Meine Gedanken sind wichtig." „Meine Gesundheit ist wichtig." „Meine Sehnsüchte sind wichtig." „Meine Bedürfnisse sind wichtig."*

Grenzen zu haben bedeutet, sich selbst und seine Werte zu verteidigen, anstatt zu versuchen, andere dazu zu bringen, sich seinem Willen zu beugen. Es bedeutet auch, dass man Alternativen hat, wenn andere einen nicht nett behandeln. Man kann sich emotional und physisch abgrenzen.

7. Seien Sie eindeutig, wenn Sie mit anderen interagieren

Eine klare und unmissverständliche Kommunikation hilft, Schuldgefühle zu verringern. Denken Sie immer daran, dass Sie um Hilfe bitten können, wenn Sie das Gefühl haben, dass Sie sie brauchen. In manchen Situationen ist es in Ordnung, ein Angebot abzulehnen. Denken Sie immer daran, dass „Nein" ein vollständiger Satz ist und für sich selbst stehen kann. Zögern Sie nicht, es zu sagen und denken Sie daran, dass Sie sich nicht rechtfertigen müssen.

Achten Sie auf Einfachheit, Klarheit und Direktheit, um Fehlinterpretationen zu vermeiden. Unnötige oder langatmige Entschuldigungen, Ausreden und Erklärungen verwirren nur. Es kann sein, dass Ihr Anliegen bei der anderen Person nicht ankommt. Er wird Sie vielleicht nicht ernst nehmen und weiter versuchen, Sie umzustimmen.

Wenn Sie jemandem eine Grenze setzen, müssen Sie genau wissen, was Sie erreichen wollen. Wenn man genau weiß, was man will, ist es viel einfacher, sich Gehör zu verschaffen.

8. Beachten Sie die Auswirkungen von schwachen Grenzen

Es ist schwierig, Grenzen zu setzen, aber es kann noch frustrierender sein, überhaupt keine Grenzen zu haben. Die meisten Menschen sind so besorgt darüber, was schiefgehen könnte oder was andere denken könnten, dass sie nicht erkennen, wie wichtig es ist, echte Beziehungen zu anderen aufzubauen.

Denken Sie an die Dinge, die Sie aufgeben müssen, weil Ihre Grenzen zu schwach sind. Zweifellos werden Sie sich selbst vernachlässigen und andere potenzielle Quellen des Glücks verpassen.

Sie werden immer wieder auf die gleichen Probleme stoßen, wenn Sie sich keine persönlichen Grenzen setzen, weil Sie das Schlimmste befürchten.

9. Lernen Sie, zwischen gesunden Grenzen und Egoismus zu unterscheiden

Ist es egoistisch, Grenzen zwischen sich und anderen zu ziehen? Konzentrieren Sie sich nur auf sich selbst und darauf, was Sie von anderen bekommen können? Verlangen Sie von anderen einen Dienst oder eine Leistung, die Sie nicht verdienen? Glauben Sie, dass Sie ein Recht auf deren Ressourcen haben, einschließlich ihrer Zeit und Aufmerksamkeit? Wenn das auf Sie zutrifft, könnte Ihre „Grenze" egoistisch sein.

Umgekehrt ist eine gute Grenze auf Sie selbst ausgerichtet. Sie legt die Grenzen Ihrer Geduld fest und die Maßnahmen, die Sie ergreifen werden, wenn eine andere Person diese Grenzen überschreitet. Gesunde Grenzen schützen Sie davor, sich erschöpft, unterbewertet und ausgenutzt zu fühlen. Jemandem, der mehr nimmt als er gibt, Grenzen zu setzen, ist nicht egoistisch, auch wenn man dabei negative Gefühle wie Traurigkeit, Wut oder Enttäuschung empfindet.

Menschen, die Hilfe brauchen, um zwischen Grenzen und Egoismus zu unterscheiden, verwechseln vielleicht auch angenehmes Verhalten mit Freundlichkeit. Menschen, die Schwierigkeiten haben, Grenzen in ihren Interaktionen mit anderen zu setzen, werden „höflich" sein, auch wenn sie es nicht wollen. Sie fühlen sich verpflichtet, Zeit und Geld zu spenden. Diejenigen, die ihr eigenes Wohlergehen in den Vordergrund stellen und angemessene Grenzen setzen, sind auch in der Lage, aus Herzensgüte großzügig zu spenden, weil ihre persönlichen Grenzen ihnen mehr Zeit lassen.

10. Umgeben Sie sich mit Menschen, die Grenzen respektieren

Versuchen Sie, Menschen zu finden, denen es nichts ausmacht, negatives Feedback zu geben und zu erhalten. Das kann jeder sein, von Bekannten über Familienmitglieder und Kollegen bis hin zu den Baristas im Café um die Ecke.

Schenken Sie diesen Menschen Ihre Zeit und Aufmerksamkeit. Die Zeit, die Sie mit ihnen verbringen, wird Ihnen helfen zu erkennen, dass das Setzen von Grenzen nicht egoistisch ist, sondern ein natürlicher und gesunder Teil jeder Beziehung.

Es kann auch zeigen, dass Grenzen einer guten Beziehung nicht schaden. Wenn ein Liebespaar seiner Beziehung realistische Grenzen setzt, hört es nicht auf, sich füreinander zu interessieren. Jeder, der aufhört, sich zu interessieren, hat kein Recht, in Ihrem Leben zu sein!

Obwohl es frustrierend sein kann, zwei Menschen dabei zu beobachten, wie sie den gleichen Raum teilen, kann es auch unglaublich aufschlussreich und lehrreich sein, sie dabei zu beobachten, wie sie diesen Prozess gemeinsam durchlaufen.

11. Entschuldigen Sie sich (wenn Sie wissentlich grausam waren)

Es gibt keinen Grund, sich schuldig zu fühlen, wenn man sein Wohlbefinden in den Vordergrund stellt. Deshalb ist es auch sinnlos, sich schuldig zu fühlen, wenn man Grenzen setzt. Wenn Sie versuchen, die Grenzen aufzuweichen, wird dies nur Ihre Verletzlichkeit widerspiegeln oder als Schwäche wahrgenommen werden und wahrscheinlich auf Widerstand stoßen.

Aber wie wir alle wissen, gehen viele Menschen zu weit, wenn sie ihre Grenzen extrem streng und aggressiv setzen. Sie halten ihren Ärger jahrelang zurück, bis er explodiert, und fügen dann anderen weit mehr Schaden zu, als nötig wäre.

Es kann sein, dass Sie vor kurzem eine gerechtfertigte Grenze gesetzt haben, aber vielleicht hätten Sie es mit mehr Einfühlungsvermögen sagen sollen. Wenn das der Fall ist, ist es in Ordnung, Ihre Gedanken auszudrücken und sich zu entschuldigen. Sagen Sie etwas wie: „Es tut mir leid, dass ich gestern die Beherrschung verloren habe". „Es ist sehr wichtig, dass wir diese Grenze mit Ihnen vereinbart haben, aber ich hätte früher etwas sagen sollen, ohne unhöflich zu sein.

Schritt-für-Schritt Anleitung, um mit Schuldgefühlen fertig zu werden, wenn man Grenzen setzt

Es wird einige Zeit dauern, bis Sie gesunde Grenzen setzen können, ohne Scham oder Reue zu empfinden. Nehmen wir an, Sie wenden diesen Prozess oft genug an. Dann werden Sie feststellen, dass die Gefühle entweder gar nicht mehr auftauchen oder schwächer und kurzlebiger werden, so dass Sie sie schneller loswerden können.

Bevor Sie mit diesem Prozess beginnen, sollten Sie sicherstellen, dass Sie angemessene Grenzen setzen und mitfühlende Distanzierung praktizieren.

Das Endziel des Prozesses ist einfach: Ihre negative emotionale Reaktion (Wut, Verzweiflung, Bedauern, Enttäuschung und Groll) in eine positive Reaktion (Mitgefühl, Zufriedenheit, Geduld und Freundlichkeit) umzuwandeln.

Schritt eins: Erkennen Sie, wie Sie sich fühlen, wenn Sie Grenzen

Sie müssen sich Ihrer aktuellen Gefühle bewusst sein, um aufkommende Reue, Demütigung oder Schuldgefühle zu erkennen. Es ist nicht leicht, Grenzen zu ziehen, aber es ist ein Vorteil, zu wissen, dass man es tun muss.

Jeder Gedanke löst ein Gefühl aus. Es ist schwieriger, wenn die Grenze in Echtzeit in Frage gestellt wird. Wut ist wahrscheinlich das erste Gefühl, das Sie empfinden, wenn jemand Ihre Grenzen überschreitet, ob absichtlich oder unabsichtlich. Es liegt an Ihnen, dieses Gefühl des Ärgers zu erkennen und es zu stoppen, bevor es sich ausbreitet. Es ist wichtig, dass Sie sich eine Minute Zeit nehmen, um über Ihre aktuelle Situation nachzudenken.

Tun Sie dies ohne Zögern oder Ärger. Lassen Sie sich einfach auf das Gefühl ein und erleben Sie es.

Wenn Sie Ihre Gefühle erkennen, können Sie klare Grenzen setzen.

Schritt zwei: Konzentrieren Sie sich auf Empathie statt auf Mitleid

Wenn zum Beispiel der Großvater Ihres besten Freundes gestorben ist, haben Sie vielleicht Mitleid mit Ihrem Freund und möchten etwas tun, um ihm zu helfen. Vielleicht rufen Sie ihn jeden Tag an, um zu hören, wie es ihm geht, oder bringen ihm etwas zu essen. Das ist natürlich eine gute Reaktion. Sie denken darüber nach, wie Sie die Situation Ihres Freundes verbessern oder ihm das Leben leichter machen können.

Aber Mitleid ist keine gute Reaktion, wenn es darum geht, eine Grenze zu ziehen. Stattdessen sollten Sie sich auf Empathie konzentrieren. Einfühlungsvermögen bedeutet, geduldig zu sein und die Situation der anderen Person zu verstehen, ohne sie zu übernehmen.

Schritt drei: Bleiben Sie standhaft

Es ist weniger wahrscheinlich, dass Sie sich schuldig fühlen, wenn Sie Ihre Grenzen verständnisvoll respektieren.

Wenn Sie aus einer Position der Angst heraus reagieren, werden Sie Schwierigkeiten mit der Reaktion der anderen haben. Deshalb sollten Sie nicht erklären, verteidigen, um Verständnis bitten oder um Erlaubnis fragen. Stattdessen können Sie folgende Sprache verwenden

„Ich spüre deine Enttäuschung darüber, dass ich deine Einladung zu dir abgelehnt habe, aber ich werde zu Hause bleiben müssen.“

„Du scheinst verärgert zu sein, dass ich am Samstag keine Zeit habe. Das verstehe ich, und wenn du mir in Zukunft eine Woche vorher Bescheid gibst, werde ich tun, was ich kann, um dir zu helfen.“

„Ich habe meine jährliche Spende bereits eingeplant.“

„Ich kann die Party nicht organisieren, aber ich helfe gerne beim Aufräumen.“

Denken Sie daran, dass Sie keine Kontrolle über die Reaktionen der anderen haben. Wenn Sie Ihre Bedürfnisse äußern, sollten Sie dies höflich, mitfühlend und sogar liebevoll tun.

Ein wichtiger Teil der Selbstfürsorge ist das Setzen und Aufrechterhalten gesunder Grenzen. Gesunde Grenzen ermöglichen gesunde Beziehungen.

Eine Person, die es nicht gewohnt ist, Grenzen zu setzen, kann sich anfangs schämen oder egoistisch fühlen, aber es ist wichtig für ihre emotionale und mentale Gesundheit.

Zusammenfassend lässt sich sagen, dass es wichtig ist, Grenzen zu setzen, aber auch immer die Grenzen der Menschen um uns herum zu respektieren, einschließlich unserer Familien, Liebespartner, Vorgesetzten, Kollegen und aller anderen, mit denen wir in Kontakt kommen.

Ein Quiz zu persönlichen Grenzen

Schließen Sie zunächst die Augen und denken Sie an drei Personen, die Sie als Ihre engsten Verwandten und Freunde betrachten. Konstruieren Sie dann einen Begriff, der Ihre Gefühle über Ihre Beziehung zu diesen Personen ausdrückt.

Betrachten Sie dann die folgenden Aussagen im Hinblick auf Ihre drei engsten Beziehungen und kreuzen Sie die Aussagen an, die auf Sie zutreffen. Achten Sie darauf, dass Sie aus dem Bauch heraus antworten.

Addieren Sie schließlich die Summen für jeden Abschnitt, um ein Gefühl dafür zu bekommen, wo Sie in Bezug auf das Setzen und Einhalten persönlicher Grenzen stehen.

Schwache Grenzen

☐ Ich räume den Bedürfnissen und Wünschen anderer Menschen Vorrang vor meinen eigenen ein.

☐ Um Kontroversen zu vermeiden, stimme ich mit allen überein.

☐ Ich kann scheinbar zu nichts „Nein" sagen.

☐ Aus Furcht oder Scham zögere ich, „Nein" zu sagen.

☐ Ich überlasse es anderen, für mich zu sprechen.

☐ Ich habe mich daran gewöhnt, schlechtes Verhalten von anderen zu tolerieren.

☐ Ich stelle fest, dass ich mehr als nur meinen Teil zur Beziehung beitrage.

☐ Ich versuche, die Probleme anderer Leute zu „reparieren".

☐ Ich versuche, die Kontrolle über andere auszuüben.

☐ Ich habe kein Vertrauen in mich oder andere.

Angekreuzte Antworten

Gesunde Grenzen

☐ Ohne Scham kann ich Grenzen setzen, um mein Wohlbefinden zu schützen.

☐ Ich kann meine ehrlichen Gefühle mitteilen, ob sie nun positiv sind oder nicht.

☐ Ich habe kein Problem mit den Gefühlen anderer Menschen.

☐ Ich respektiere Menschen und versuche nicht, sie zu verändern oder zu „reparieren".

☐ Ich weiß, dass Meinungsverschiedenheiten Teil von persönlichen Beziehungen sind.

☐ Ich würde lieber eine Beziehung beenden, als mich von jemandem schlecht behandeln zu lassen.

☐ Ich übernehme nicht die Gefühle, Wünsche oder Vorlieben anderer.

☐ Ich kann mein eigenes Urteil fällen und meine Interessen schützen, ohne die Interessen anderer zu vernachlässigen.

☐ Ich habe keine Angst, Leute mit meinem Standpunkt zu verärgern oder zu verletzen.

☐ Ich bin für meine eigenen Gefühle verantwortlich, und das sind andere auch.

Angekreuzte Antworten

Starre Grenzen

☐ Es ärgert mich, wenn andere meine Ansichten nicht teilen.

☐ Ich habe Schwierigkeiten, meine Gefühle auszudrücken und nehme kaum Rücksicht auf die der anderen.

☐ Ich setze oft Wut und Einschüchterung ein, um zu erreichen, was ich will.

☐ Ich halte eine emotionale Distanz zu anderen.

☐ Ich fühle mich bei körperlichen Berührungen unwohl, es sei denn, ich initiiere sie.

☐ Ich kritisiere Menschen, wenn sie meine Anweisungen nicht befolgen.

☐ Wenn die Dinge nicht so laufen, wie ich will, werde ich nicht mitmachen.

☐ Ich werde ärgerlich, wenn jemand meine Sachen benutzt, selbst wenn er darum bittet.

☐ Ich erwarte eine Entschädigung für meine Hilfe oder Wohltätigkeit.

☐ Mein „Raum" ist selten offen für andere.

Angekreuzte Antworten

Der Abschnitt, in dem Sie die meisten Kästchen angekreuzt haben, bestimmt die Art der Grenzen, die Sie haben. Versuchen Sie, Ihre derzeitige Situation zu akzeptieren und erkennen Sie an, dass sie in Ordnung ist, weil Sie Ihr Bestes geben. Wenn Sie wollen, können Sie sich noch mehr anstrengen und weitere positive Veränderungen vornehmen. Denken Sie darüber nach, wie Sie Ihre Grenzen verändern können, um sie stabiler und gesünder zu machen.

Kapitel 3: Wie man Unsicherheit in Selbstvertrauen verwandelt

Unsicherheit ist nach der Definition von WebMD.com ein „Gefühl der Unzulänglichkeit (nicht gut zu sein) und der Ungewissheit". Sie führt dazu, dass Sie sich Sorgen über Ihre Ziele, Beziehungen und Ihre Fähigkeit, mit bestimmten Situationen umzugehen, machen.

Wenn Sie unter Unsicherheit leiden, machen Sie sich von der Meinung anderer abhängig und verlieren die Fähigkeit, selbst zu denken. Da Sie Ihrem eigenen Urteil nicht trauen, werden Sie davon abgehalten, etwas zu unternehmen. Wenn dies geschieht, sind Sie gezwungen, sich mit weniger zufrieden zu geben und können keine hohen Erwartungen an sich selbst stellen. Wenn Sie also Ihre Unsicherheit überwinden und selbstbewusster werden wollen, müssen Sie lernen, sich selbst zu vertrauen und Ihren Kommunikationsstil selbstbewusster zu gestalten.

Die Arbeit an Ihrem Selbstvertrauen hilft Ihnen, Ihre Unsicherheiten zu überwinden und Grenzen zu setzen.
https://www.pexels.com/photo/woman-wearing-blue-shawl-lapel-suit-jacket-1036622/

Was ist Durchsetzungsvermögen?

Durchsetzungsvermögen ist eine Fähigkeit, die es Ihnen, wenn Sie sie beherrschen, ermöglicht, selbstbewusst und mit Nachdruck zu sprechen, Ihren Worten Nachdruck zu verleihen und dabei höflich und freundlich zu bleiben. Sie sind durchsetzungsfähig, wenn Sie Ihren Standpunkt mit Nachdruck vertreten, ohne aggressiv zu sein. Einige Merkmale einer durchsetzungsfähigen Person sind:

- Sie lassen Raum für die Meinungen anderer und sind in der Lage, angemessen darauf zu reagieren, unabhängig davon, ob sie ihnen zustimmen oder nicht.

- Sie sind ausdrucksstark und halten ihre Meinung über Gefühle, Emotionen, Situationen, Umstände, Ereignisse und Geschehnisse nicht zurück.

- Sie erkennen, dass unterschiedliche Standpunkte in jeder Situation wichtig sind. Obwohl sie selbstbewusst sind, lassen sie Raum für abweichende Meinungen und reagieren höflich darauf.

- Aufgrund ihres Selbstvertrauens und ihrer Überzeugung, dass sie nicht überhört werden, wenn sie sich äußern, sprechen sie selbstbewusst.

- Sie schätzen andere Menschen für ihre Handlungen und Beiträge. Sie sind sich der Beiträge anderer bewusst und zögern nicht, diese anzuerkennen, wenn es angebracht ist. Sie sind nicht traurig, wenn jemand in ihrer Umgebung gelobt oder ausgezeichnet wird.

- Sie übernehmen Verantwortung für ihre Handlungen und Entscheidungen und behalten ihre Position über einen längeren Zeitraum bei.

- Obwohl Durchsetzungsstarke selbstbewusst sind und sich ihrer Meinung und Überzeugung sehr sicher sind, schätzen sie sich selbst im Vergleich zu anderen nicht besonders hoch ein. Sie sind sich der Bedeutung anderer Menschen in ihrer Umgebung bewusst.

- Sie verfügen über Selbstkontrolle, die sich in ihrer Persönlichkeit widerspiegelt. Sie haben ihre Gefühle unter Kontrolle, wenn es notwendig ist, und drücken sie effektiv aus, wenn es erforderlich ist. Durchsetzungsvermögen hilft Ihnen, Ihre Situation zu meistern.

Sie können lernen, selbstbewusster zu werden, was eine sehr positive Entwicklung ist. Wenn Sie die Eigenschaften kennen, die eine durchsetzungsfähige Person ausmachen, können Sie sicher sagen, dass Sie diese Eigenschaft bewundern. In den folgenden Abschnitten werden wir uns mit verschiedenen Ansätzen beschäftigen, die Ihnen helfen können, Ihre Durchsetzungsfähigkeit zu entwickeln.

Wie Sie durchsetzungsfähiger werden

Um durchsetzungsfähiger zu werden, müssen Sie sich zunächst eingestehen, dass Sie sich noch verbessern können. Sobald Sie dies akzeptiert haben, müssen Sie einen Plan entwerfen, wie Sie vorgehen wollen, um Ihre Durchsetzungsfähigkeit zu verbessern. Um Ihre Durchsetzungsfähigkeit zu fördern, können Sie folgende Schritte unternehmen

Beginnen Sie dort, wo Sie sind

Auch wenn Sie eine Vorstellung davon haben, wer Sie sein möchten, müssen Sie dort anfangen, wo Sie sind, und sich von dort aus weiterentwickeln. Schämen Sie sich nicht, kleine Schritte zu unternehmen, um sich zu verbessern. Akzeptieren Sie, dass Sie Fehler machen werden. Wenn das passiert, lassen Sie sich davon nicht entmutigen. Konzentrieren Sie sich stattdessen darauf, wie weit Sie gekommen sind, und seien Sie stolz auf Ihre Fortschritte.

Üben Sie Selbsteinschätzung

Nehmen Sie sich die Zeit, sich selbst und Ihre Einstellung zu überprüfen, die verbesserungswürdigen Bereiche zu erkennen und daran zu arbeiten. Wie oft melden Sie sich zu Wort, anstatt zu schweigen und zuzulassen, dass die Meinung anderer Ihre eigene überschattet? Haben Sie Angst, andere zu enttäuschen oder „Nein" zu ihnen zu sagen? Übernehmen Sie Verantwortung für Ihr Handeln oder geben Sie leicht anderen die Schuld? Erlauben Sie anderen, sich in Ihrem Umfeld frei zu äußern, oder setzen Sie immer Ihre eigene Meinung durch?

Identifizieren Sie die Bereiche in Ihrem Leben, die verbessert werden müssen, und arbeiten Sie hart daran, sie zu verbessern. Eine Möglichkeit, um sicher zu gehen, dass Sie Fortschritte machen, besteht darin, sich nach jeder Interaktion mit anderen ehrlich zu fragen, wie Sie sich fühlen. Fühlten Sie sich erleichtert und entspannt? Hatten Sie das Gefühl, dass etwas fehlte, oder wollten Sie zurückgehen und etwas ändern? Wenn das der Fall ist, deutet das darauf hin, dass Sie in einigen Bereichen hätten besser sein können.

Auch wenn es nicht möglich ist, eine Situation rückgängig zu machen, sollten Sie die Fehler, die Sie korrigieren wollen, aufschreiben und sicherstellen, dass sie bei späteren Interaktionen nicht wieder auftreten. Wenn Sie diese Korrekturen im Laufe der Zeit fortsetzen, werden Sie von einer Stufe zur nächsten aufsteigen und Ihre Fortschritte werden sichtbar sein.

Seien Sie selbstbewusst

Wenn Sie eine Meinung zu einer Sache haben oder eine Entscheidung getroffen haben, kommunizieren Sie diese so, als wäre es Ihre eigene Entscheidung und Überzeugung, und haben Sie den Mut zu sagen, dass es Ihre eigene ist. Beherrschen Sie die Kunst, häufig das Wort *„ich"* zu gebrauchen. *„Ich möchte dies tun"*, *„Ich glaube nicht, dass dies richtig ist"* und *„Ich werde aufgrund anderer Verpflichtungen nicht an der Sitzung teilnehmen können." „Ich möchte dies tun", „Ich denke nicht, dass dies richtig ist"*.

Lernen Sie „Nein" zu sagen

Die meiste Zeit versuchen wir, es anderen recht zu machen und sie nicht zu enttäuschen, auch wenn es unangenehm ist. Das wirkt sich auf unseren Zeitplan aus und wir bleiben mit vielen unerledigten Aufgaben oder verpassten Terminen zurück, was unsere Glaubwürdigkeit und Integrität untergräbt.

Akzeptieren Sie, dass Enttäuschungen zum Leben gehören, und sagen Sie „Nein", wenn Sie sich nicht in der Lage fühlen, die an Sie gestellten Anforderungen zu erfüllen. Dabei kann es sich um Anforderungen an Ihre Zeit, Ihr Geld, Ihre Aufmerksamkeit, Ihre professionellen Dienste oder etwas anderes handeln. Lernen Sie, „Nein" zu sagen, wenn es notwendig ist. Sie können dies mit einer Entschuldigung oder einer Erklärung verbinden, damit die Person es versteht und nicht beleidigt ist.

Benutzen Sie Ihre Körpersprache

Wenn Sie mit anderen kommunizieren, sollten Sie Ihre Worte durch Gesten ergänzen. Gesten zeigen, dass Sie selbstsicher und auf das Thema konzentriert sind. Machen Sie Gesten mit Ihren Händen, Ihren Augen, Ihrem Kopf und allen anderen Körperteilen, die Sie benutzen können. Man wird sich vielleicht nicht an Ihre genauen Worte erinnern, aber man wird sich an Ihre Gesten erinnern. Das ist die kommunikative Kraft der audiovisuellen Medien. Nehmen Sie ab und zu Blickkontakt mit Ihren Zuhörern oder dem Publikum auf. Behalten Sie Ihre Körperhaltung bei und sprechen Sie immer mit Selbstvertrauen. Üben Sie vor dem Spiegel oder bitten Sie Freunde, Ihnen zuzuhören und Ihnen ehrliches Feedback zu geben.

Beherrschen Sie Ihre Gefühle

Sie müssen lernen, mit Ihren Gefühlen umzugehen und sie zu kontrollieren. Erkennen Sie, wann Sie wahrscheinlich einen Gefühlsausbruch haben werden, und ziehen Sie sich aus solchen Situationen zurück, bis Sie sich beruhigt haben. Wenn Sie zulassen, dass Ihre Gefühle ein Gespräch oder eine andere Interaktion behindern, schadet das Ihrem Selbstvertrauen. Lassen Sie nicht zu, dass Ihre Gefühle Ihr Selbstwertgefühl untergraben.

Vorteile von Durchsetzungsvermögen

Durchsetzungsvermögen ist in vielerlei Hinsicht von Vorteil. Zum Beispiel hilft es anderen, Sie besser zu verstehen. Sie können anderen

Ihre Bedürfnisse und Wünsche, Ihre Gefühle und Meinungen, Ihre Einstellungen und Entscheidungen vermitteln. Das hilft ihnen, Sie besser zu verstehen.

Menschen respektieren Sie, wenn Sie selbstbewusst sind, und sie respektieren Sie und Ihre Meinung, wenn Sie nicht aggressiv sind. Dieses Verhalten stärkt Ihre Beziehungen zu anderen und erhöht gleichzeitig Ihr Selbstvertrauen. Wenn Sie selbstbewusst sind, kontrollieren Sie Ihr Leben und Ihre Umgebung und entscheiden, in welcher Umgebung Sie arbeiten möchten.

Psychologische Tricks für ein selbstbewussteres Auftreten

Während Sie an der Entwicklung Ihres Selbstvertrauens arbeiten, was ein langfristiger Prozess ist, sollten Sie sofort damit beginnen, einige Tricks zu üben, die Ihnen helfen, selbstbewusster und selbstsicherer zu wirken. Dazu gehören:

- Ersetzen Sie negative Gedanken durch das Gegenteil, sobald sie Ihnen in den Sinn kommen. Sagen Sie sich selbst aufmunternde Worte und versichern Sie sich Ihres Mutes und Ihrer Zuversicht. „Ich schaffe das, ich bin ein mutiger Redner und die Leute wollen mir zuhören". Wenn Sie dies regelmäßig tun, werden diese Gedanken ein Teil von Ihnen und helfen Ihnen, Ihren Geist auf positives Denken umzuprogrammieren.

- Verwenden Sie klare Worte, wenn Sie sich äußern. Diese sind spezifisch und sehr direkt, anstelle von Sätzen wie „Ich glaube" oder „Ich bin mir nicht sicher". Wenn Sie nicht sicher sind, sagen Sie es nicht, aber wenn Sie sicher sind, drücken Sie Ihre Gewissheit mit Nachdruck aus. Diese Haltung stärkt Ihr Selbstvertrauen und ermöglicht es Ihnen, in der Kommunikation mit anderen selbstbewusster aufzutreten. Entfernen Sie alle überflüssigen Wörter oder Sätze aus Ihrer Kommunikation.

- Vermeiden Sie Zeitfresser wie Aktivitäten, die für Sie irrelevant sind. Soziale Medien können süchtig machen, und Sie sollten darauf achten, wie viel Zeit Sie damit verbringen. Sie verleiten dazu, sich mit anderen zu vergleichen, denen es scheinbar besser geht als einem selbst, und setzen einen unter unangemessenen Druck. Machen Sie sich klar, dass Sie es sich selbst schuldig sind, besser zu sein als am Vortag und nicht besser als andere. Diese Übung wird Ihnen helfen, sich auf Ihre persönliche Entwicklung zu konzentrieren.

- Kleiden Sie sich stilvoll und selbstbewusst. Gute Kleidung gibt Ihnen das Selbstvertrauen, das Sie brauchen, um anderen Menschen zu begegnen, ohne sich niedergeschlagen oder minderwertig zu fühlen. Räumen Sie daher Ihrem Äußeren Priorität ein. Wer gut aussieht, fühlt sich gut.

Wie Sie Ihre Haltung verbessern

Bevor wir darüber sprechen, wie Sie Ihre Körperhaltung verbessern können, ist es wichtig zu verstehen, dass es zwei Arten von Körperhaltung gibt: die dynamische und die statische Körperhaltung. Die dynamische Haltung bezieht sich auf die Art und Weise, wie Sie sich bewegen, zum Beispiel beim Gehen, Laufen, Joggen oder Spielen. Die statische Haltung bezieht sich auf die Art und Weise, wie man sich in einer bestimmten Position hält, zum Beispiel beim Sitzen auf dem Sofa, beim Arbeiten am Schreibtisch, beim Trinken in einer Bar usw.

Die Verbesserung der Körperhaltung beginnt damit, dass Sie auf Ihre Wirbelsäule achten und sich ihrer bewusstwerden, wenn Sie sich bewegen oder eine bestimmte Position einnehmen. Achten Sie darauf, dass Ihr Kopf nicht gebeugt ist und dass Ihre Schultern gerade über Ihren Hüften sind. Strecken Sie Ihren Nacken von Zeit zu Zeit nach hinten, damit sich Ihre Halswirbelsäule aufrichten kann, und probieren Sie einige Yogastellungen aus, um Ihre Haltung zu verbessern.

Ihre Körperhaltung trägt wesentlich zu einem selbstbewussten Auftreten bei.
https://www.pexels.com/photo/man-and-woman-smiling-inside-building-1367269/

Trainieren Sie regelmäßig, um Ihren Körper beweglicher zu machen. Yoga zum Beispiel ist eine Übung, die Ihnen helfen kann, Ihre Haltung aufzurichten.

Tragen Sie gute und bequeme Schuhe. Sie helfen Ihnen, beim Gehen eine gute Haltung einzunehmen. Hohe Absätze sind zwar schön, aber Sie sollten sie nicht zu oft tragen. Achten Sie einfach darauf, dass Sie bequem und aufrecht gehen können, wenn Sie unterwegs sind.

Achten Sie auf einen bequemen Arbeitsplatz, an dem Sie sich beim Tippen oder Schreiben nicht strecken müssen. Achten Sie darauf, dass Ihr Tisch nicht zu hoch oder zu niedrig ist und dass Ihr Stuhl richtig eingestellt ist. Da Sie die meiste Zeit am Schreibtisch verbringen, werden Sie mit der Zeit Schmerzen und möglicherweise Haltungsschäden bekommen, wenn Ihr Stuhl und Ihr Tisch nicht in einer guten und bequemen Position sind.

Wege zur Automatisierung der Durchsetzungsfähigkeit

Mit der Zeit verfestigen sich die erlernten Charaktereigenschaften in uns. Es ist nicht mehr notwendig, sie uns mit aller Kraft ins Gedächtnis zu rufen oder ihnen Aufmerksamkeit zu schenken. Weil wir uns so sehr an sie gewöhnt haben, führen wir sie automatisch aus, und das ist genau das, was man die Automatisierung eines Prozesses nennt.

Wenn Sie daran arbeiten, Ihr Durchsetzungsvermögen zu entwickeln, werden Sie feststellen, dass es nach und nach zu einem Teil von Ihnen wird und Sie nicht mehr so viel Übung benötigen, um es zu zeigen. Welche Schritte sind notwendig, um diesen Grad der Automatisierung zu erreichen?

Seien Sie konsistent

Der erste Schritt zur Automatisierung eines Prozesses ist die Sicherstellung der Konsistenz. Wenn Sie alles, was wir besprochen haben, konsequent praktizieren, wird es sich irgendwann in Ihrem Unterbewusstsein festsetzen. Es kann sein, dass Sie sich dessen erst bewusstwerden, wenn Sie es konsequent anwenden können, ohne es zu üben oder sich bewusst daran erinnern zu müssen.

Vermeiden Sie Füllwörter

Lernen und üben Sie, über einen längeren Zeitraum ohne unnötige Füllwörter zu sprechen. Das verbessert Ihre Koordination und stärkt gleichzeitig Ihr Selbstvertrauen. Es gibt einen wichtigen Unterschied zwischen Denken und Sprechen. Ersteres lässt ein Durcheinander von Gedanken und Ereignissen zu. Sprechen hingegen erfordert eine koordiniertere Ausdrucksweise, bei der Sie bestimmte Dinge nicht immer wiederholen müssen und bei der es auch nicht angebracht ist, Ihre Rede mit unnötigen und irrelevanten Wörtern zu unterbrechen.

Üben Sie das öffentliche Sprechen in Gedanken. Experimentieren Sie, indem Sie mit sich selbst vor dem Spiegel sprechen, dann laut sprechen und Ihre Freunde und Familie bitten, Ihre Leistung zu bewerten. Übung macht den Meister.

Vermeiden Sie den Gebrauch unpassender Wörter

Auch wenn Sie schlecht gelaunt sind, haben Sie einen Vorteil, wenn Sie auf einen unkultivierten Wortschatz verzichten. Widerstehen Sie dem Drang, abwertende Worte zu verwenden. Konzentrieren Sie sich stattdessen darauf, effektivere Wege zu finden, mit jeder Situation umzugehen. Denken Sie immer an Ihr Publikum und überlegen Sie, wie Sie am effektivsten mit ihm kommunizieren können.

Wenden Sie für jeden eine andere Strategie an, sonst kann es nach hinten losgehen. Die Verständnisebenen sind unterschiedlich, und so sollte auch Ihre Kommunikation sein. Wenn Sie Ihre Zuhörer verstehen und angemessen auf sie eingehen, vermitteln Sie die Botschaft, dass Sie sich Ihrer Sache sicher sind, was das Vertrauen in Sie und damit auch Ihr eigenes Vertrauen stärkt.

Setzen Sie sich Ziele

Sich Ziele zu setzen und an ihnen festzuhalten, ist hilfreich. Dabei kann es sich um das Erlernen neuer Körperhaltungen, die Erweiterung des Wortschatzes, die Veränderung der Garderobe oder das Schließen neuer Freundschaften handeln. Insgesamt sollten Sie sich Ziele setzen, die Ihnen helfen, Selbstvertrauen und Durchsetzungsvermögen zu gewinnen. Sie können sich einer Person Ihres Vertrauens anvertrauen und ihr gegenüber Rechenschaft ablegen. Es wird Ihnen helfen, auf dem richtigen Weg zu bleiben, wenn Sie jemanden haben, dem Sie Bericht erstatten können.

Die Reise von einem Punkt in Ihrem Leben, an dem Sie sich Ihrer Fähigkeiten und Stärken nicht sicher sind, zu einem Punkt, an dem Sie erhobenen Hauptes weitergehen können, kann eine spannende und abenteuerliche Erfahrung sein. Sie können davon ausgehen, dass dieser Weg sowohl lohnend als auch schwierig sein wird. Manchmal werden Sie vielleicht das Gefühl haben, aufgeben und alles stehen und liegen lassen zu müssen. Aber wen kümmert das schon?

Sie müssen Gründe gefunden haben, um Durchsetzungsvermögen zu schätzen. Es hilft Ihnen, von einem Zustand der Verantwortungslosigkeit zu Disziplin überzugehen. Ihr Selbstvertrauen wird wachsen, wenn Sie durchsetzungsfähig werden und auf Ihre Körpersprache achten, wenn Sie mit anderen interagieren. Finden Sie heraus, welche Aspekte Ihres Lebens verbessert werden müssen, und beginnen Sie, daran zu arbeiten. Scheuen Sie sich nicht, klein anzufangen oder Fehler zu machen. Fehler sind ein natürlicher Teil des Lebens und lehren uns, was nicht funktioniert.

Seien Sie offen für Kritik, besonders von vertrauenswürdigen Freunden und Familienmitgliedern, die Ihnen immer ehrliches Feedback geben, wenn Sie sich verbessern. Machen Sie sich nie über sich selbst lustig, denn so können Sie sich selbst kritisieren und sich gleichzeitig konstruktiv verbessern. Wenn Sie Fortschritte machen, tragen Sie Ihr Selbstvertrauen wie eine Medaille und achten Sie darauf, dass Ihre Körpersprache zu Ihren Worten passt.

Stellen Sie sich nicht immer anderen zur Verfügung. Verstehen Sie, wann Sie „Ja" und wann Sie „Nein" sagen müssen, und fühlen Sie sich deswegen nicht schuldig. Akzeptieren Sie, was Sie sicher tun können, und vermeiden Sie, was Sie nicht tun können.

Beherrschen Sie Ihre Gefühle. Tun Sie Ihr Bestes, um Ihre Gefühle im Zaum zu halten, damit Sie sich nicht für Ihre Unbeherrschtheit entschuldigen müssen. Achten Sie immer auf Ihre Worte – sie sind das Hauptkriterium, nach dem Sie beurteilt werden, und Ihr wichtigstes Ausdrucksmittel. Sie werden überrascht sein, wie weit Sie kommen, wenn Sie die Dinge, über die wir gesprochen haben, in die Praxis umsetzen und herausfinden, wie Sie sie in Ihre täglichen Aktivitäten integrieren können. Die folgenden Fragen sollen Ihnen helfen, sich die Informationen aus diesem Gespräch zu merken. Es steht Ihnen frei, sich so viel Zeit zu nehmen, wie Sie brauchen, um sie an Ihre spezifischen Umstände anzupassen. Wenn Ihnen nichts Besseres einfällt, können Sie sich mit diesen Fragen begnügen und Ihre Fortschritte beobachten.

Fragen zur Beurteilung

1. Überlegen Sie, in welchen Bereichen Ihres Lebens Sie Anzeichen von Unsicherheit gezeigt haben, und füllen Sie die folgenden Felder aus

____

____

____

2. Sind Sie nach dem, was Sie erfahren haben, bereit, die notwendigen Maßnahmen zu ergreifen? Ja/Nein (fahren Sie mit der Bewertung nur fort, wenn Sie die Option „Ja" angekreuzt haben).

3. Nennen Sie einige konkrete Maßnahmen, die Sie ergreifen werden, um die oben genannten Bereiche zu verbessern.

____

____

____

4. Ich werde Rechenschaft ablegen gegenüber ___________________
(Tragen Sie den Namen eines Freundes oder einer nahestehenden Person ein, der/die für Ihren Fortschritt verantwortlich ist).

5. Unterschrift _________________________

Es ist hilfreich, ein Datum anzugeben, so dass Sie Ihren Fortschritt mit der Zeit überprüfen können.

Kapitel 4: Sechs Fehler, die Ihr Liebesleben ruinieren

Wenn man jemanden kennen lernt und sich verliebt, möchte man das Beste von ihm/ihr denken. Man möchte glauben, endlich „den oder die Richtige" getroffen zu haben, und ignoriert daher bestimmte Vorkommnisse und verräterische Anzeichen, indem man sich einredet, die andere Person habe etwas nicht absichtlich getan oder wolle nur das Beste für einen selbst. Manche Beziehungen können jedoch toxisch werden, auch wenn sie nicht auf diese Weise beginnen, während andere von Anfang an missbräuchlich sind, vor allem wenn der Partner ein Narzisst ist. Unabhängig davon, ob der Partner toxische Züge hat oder nicht, kann das Fehlen von Grenzen eine gesunde Beziehung in eine missbräuchliche und co-abhängige Beziehung verwandeln.

Das Setzen von Grenzen von Anfang an ist eine gute Grundlage für eine gesunde Beziehung.
https://pixabay.com/es/photos/rom%c3%a1ntico-abrazo-uni%c3%b3n-conectividad-1934223/

Dem Autor und Psychotherapeuten David Richo zufolge bedeutet das Setzen von Grenzen nicht, den Partner aufzugeben, sondern eine gesunde Beziehung zu führen und gleichzeitig die eigene Unabhängigkeit und Identität zu bewahren. Grenzen schaffen ein Gleichgewicht und stärken die Beziehung, indem sie es beiden Partnern ermöglichen, sich einzubringen, anstatt dass einer führt und der andere folgt. Bedingungslose Liebe und Grenzen können nebeneinander existieren. Eine Person sollte das Recht haben zu entscheiden, wie sie behandelt werden möchte. Viele Menschen in toxischen Beziehungen verlieren sich selbst, weil sie ihre Bedürfnisse opfern, um dem Partner zu gefallen. Wenn die Beziehung zu Ende geht, fühlen sie sich verloren, weil sie sich von der anderen Person definieren lassen.

Stellen Sie sich vor, wie schön es wäre, in einer Beziehung zu leben, in der Sie genauso viel geben wie Sie bekommen, in der Ihr Partner Sie genauso wichtig nimmt wie Sie ihn und sich um Ihre Bedürfnisse kümmert. Stellen Sie sich vor, in einer Beziehung zu leben, in der Ihre Stimme gehört wird und Ihre Meinung genauso wichtig ist wie die Ihres Partners. Das können Sie nur erreichen, wenn Sie selbst entscheiden, wie Sie behandelt werden möchten, und wenn Sie gesunde Grenzen setzen. Sie können eine gesunde Beziehung führen, ohne sich selbst und Ihre Werte zu verraten.

Dieses Kapitel öffnet Ihnen die Augen für rote Fahnen oder Fehler in Beziehungen, die Sie nicht zulassen sollten, und gibt Ihnen Tipps, wie Sie gesunde Grenzen setzen können, um eine glückliche und lange Beziehung zu führen.

Fehler Nr. 1: Ihr Partner versucht Sie zu ändern

Ihr Partner wird nicht direkt sagen, dass er will, dass Sie sich ändern, aber er wird subtil sein. Normalerweise äußert er sich durch kontrollierendes Verhalten, Gaslighting, Kritik oder Spott, die Sie an sich selbst zweifeln lassen oder Ihr Selbstvertrauen erschüttern. Schließlich werden Sie sich ändern, um ihm zu gefallen oder Konflikten aus dem Weg zu gehen. Es gibt bestimmte Anzeichen und Verhaltensweisen, die darauf hindeuten, dass Ihr Partner versucht, Sie zu verändern. Diese sollten Sie nicht ignorieren, sondern sofort ansprechen.

Anzeichen dafür, dass Ihr Partner versucht, Sie zu verändern

Er vergleicht Sie mit anderen Menschen

Wenn Ihr Partner möchte, dass Sie etwas ändern, vergleicht er Sie mit jemand anderem, zum Beispiel mit einem Freund oder sogar mit einem Ex. Das ist eine Taktik, um Ihr Selbstvertrauen zu schwächen und Sie zu manipulieren, damit Sie etwas tun, was er will. Wenn Ihr Freund zum Beispiel möchte, dass Sie sich nicht mehr so stark schminken, wird er Ihnen sagen: „Alle meine Ex-Frauen haben sich natürlich geschminkt", oder er zeigt auf eine Schauspielerin und sagt: „Schau, wie schön sie mit einfachem Make-up aussieht. Ich verstehe nicht, warum du dir das antust".

Er versucht, Ihren persönlichen Stil zu ändern

Wenn Ihr Partner Ihre Kleidung, Ihre Frisur, Ihr Make-up oder Ihr Aussehen im Allgemeinen negativ bewertet, wird er versuchen, Ihren Stil zu ändern. Wenn Sie Röhrenjeans tragen, wird er Ihnen sagen, dass er Kleider bevorzugt. Wenn Sie rosa Nagellack tragen, wird er Ihnen sagen, dass kräftige Farben sexyer sind. Ihr persönlicher Stil ist Teil Ihrer Identität, und niemand sollte Ihnen vorschreiben, was Sie zu tragen haben.

Er untergräbt Ihre Karriere

„Du bist wirklich ein Food-Blogger? Du schreibst also nur über Essen? Was trägst du zur Gesellschaft bei?" Oder: „Es ist einfach, von zu Hause aus zu arbeiten." Heutzutage arbeiten viele Menschen von zu Hause aus, und sie arbeiten genauso hart wie diejenigen, die im Büro arbeiten. Ein liebevoller Partner sollte niemals Ihre Karriere untergraben, sondern Sie respektieren und unterstützen, während Sie das tun, was Sie mit Leidenschaft tun.

Er mag Ihre Freunde nicht

Wenn Ihre Freunde keine Alkoholiker, Drogensüchtige oder Kriminelle sind, hat Ihr Partner nicht das Recht, Ihnen vorzuschreiben, mit wem Sie Ihre Zeit verbringen sollen und mit wem nicht. Wenn sich Ihr Partner ständig über Ihre Freunde lustig macht, versucht er, Sie dazu zu bringen, mehr Zeit mit ihm und seinen Freunden zu verbringen. Das größte Warnsignal ist, wenn er ein Ultimatum stellt: „Deine Freunde oder ich". Das ist ein klares Zeichen dafür, dass Ihr Partner Sie verändern und Ihr Verhalten kontrollieren will. Ihr Partner wird noch hartnäckiger sein, wenn Ihre Freunde merken, wie Sie sich verändert haben. Wenn Ihre Freunde merken, dass Sie in letzter Zeit nicht mehr

Sie selbst sind, sollten Sie das zur Kenntnis nehmen. Enge Freunde sind in der Regel die Ersten, denen auffällt, dass etwas mit Ihnen nicht stimmt.

Benehmen belohnen

Wenn Sie sich für Ihren Partner verändern, wird er Sie dafür mit Geschenken oder Komplimenten belohnen. Zum Beispiel: „Ich habe dir doch gesagt, dass dir kurze Haare besser stehen" oder „Ich habe dir doch gesagt, dass wir mehr Spaß haben, wenn wir zu Hause bleiben. Du siehst glücklicher aus".

Ihr Partner ist entweder:

- toxisch und versucht Sie zu ändern, um Kontrolle über Sie auszüben, ODER
- sich seines Verhaltens gar nicht bewusst.

Das Setzen von Grenzen wird Ihnen helfen, den Unterschied zu erkennen. Wenn Ihr Partner kein Narzisst ist, wird er Ihre Grenzen respektieren. Das wird aber nicht sofort der Fall sein. Das Setzen von Grenzen in einer Beziehung braucht normalerweise Zeit, damit Sie beide sich an den neuen Rhythmus Ihrer Beziehung gewöhnen können. Wenn Ihr Partner narzisstisch oder toxisch ist, wird er Ihre Grenzen nicht respektieren.

Grenzen setzen

Es ist wichtig, dass Sie ruhig bleiben, wenn Sie das Kontrollverhalten Ihres Partners ansprechen. Reden Sie ruhig mit ihm und helfen Sie ihm, die Dinge aus Ihrer Sicht zu sehen. Alles hat seinen Grund. Versuchen Sie herauszufinden, warum Ihr Partner alles, was Sie sagen und tun, kommentieren und kritisieren muss. Liegt es an seiner Kindheit? Haben seine Eltern versucht, ihn zu kontrollieren, indem sie ihm vorschrieben, was er anziehen und mit wem er sich treffen sollte? Behandeln Sie das Gespräch nicht wie ein Verhör, sondern seien Sie einfühlsam und führen Sie einen offenen Dialog mit ihm. Manchmal wird Ihr Partner die Beherrschung verlieren oder sein Verhalten leugnen, bleiben Sie also ruhig und verständnisvoll. Es ist möglich, dass er sich seines Verhaltens nicht bewusst ist. Seien Sie behutsam und erklären Sie ihm, dass Sie sein ständiges Bedürfnis, Sie zu ändern, als Kontrolle empfinden.

Setzen Sie Grenzen, indem Sie ihm sagen, wie Sie behandelt werden möchten, zum Beispiel, dass er Ihren Stil und Ihre Freunde respektiert.

Gewinnen Sie die Kontrolle zurück. Hören Sie auf, es ihm recht machen zu wollen, indem Sie sich so kleiden, wie er es mag, oder indem Sie Ihre Freunde ausschließen. Leben Sie Ihr Leben und tun Sie die Dinge, die Ihnen Spaß machen. Ob Sie sich um einen Job bewerben oder sich die Haare schneiden lassen, lassen Sie sich nicht von seinem Kontrollverhalten beeinflussen. Der Versuch Ihres Partners, Sie zu ändern, kann Ihr Selbstvertrauen zerstören, umgeben Sie sich daher mit Freunden, die Sie an Ihren Wert erinnern. Verteidigen Sie sich, wenn Ihr Partner versucht, Ihre Arbeit oder Ihre Freunde schlecht zu machen. Es kann sein, dass Ihr Partner anfangs nicht bereit ist, Ihre Grenzen zu respektieren. Bleiben Sie bei Ihren Grenzen, um zu zeigen, dass Sie es ernst meinen. Wenn er Ihre Grenzen immer wieder überschreitet, sollten Sie eine Paartherapie in Erwägung ziehen oder sich von ihm trennen.

Fehler Nr. 2: Zu viele Kompromisse eingehen

Natürlich wollen Sie Ihren Partner glücklich machen, weil Sie ihn lieben. Fehlende Grenzen können jedoch dazu führen, dass Sie Ihrem Partner so sehr gefallen wollen, dass Sie Ihre eigenen Werte oder Ihr seelisches Wohlbefinden aufgeben. Kompromisse sind ein normaler Bestandteil jeder Beziehung. Manchmal geben Sie etwas auf, manchmal gibt der andere etwas auf. Es gibt ein Gleichgewicht und eine Zusammenarbeit von beiden Seiten. In manchen Fällen kann es jedoch vorkommen, dass man seine Identität oder seine Werte aufgibt, um den anderen glücklich zu machen. Sie sind zum Beispiel Vegetarier, aber Ihr Mann geht gerne auf die Jagd. Er liebt es, Souvenirs von den Tieren, die er jagt, zu Hause aufzubewahren, aber das ist Ihnen sehr unangenehm. Sie sprechen ihn darauf an, aber er weist Sie zurück oder macht Sie schlecht. Nach ständigem Streit droht er, Sie zu verlassen. Sie beschließen, Frieden zu schließen und zu akzeptieren, dass er die Trophäen im Haus aufhängt, und Sie hören sich sogar seine Jagdgeschichten an und lachen darüber, um weiteren Streit zu vermeiden.

Dies kann sich jedoch negativ auf Ihre psychische Gesundheit auswirken. Sie werden sich schuldig fühlen, weil Sie Ihre Werte aufgegeben haben, und Sie werden Groll gegen sich selbst und Ihren Partner hegen. Ihre Gefühle zu unterdrücken, wird nicht funktionieren, da dies zu einem Ausbruch von aufgestautem Ärger und Groll führen wird. Ständige Streitereien und Konflikte führen dazu, dass sich Ihr Partner von Ihnen entfernt und Sie sich noch mehr opfern und aufgeben müssen, um ihm zu gefallen. Es ist ein Teufelskreis.

Anzeichen, dass Sie in Ihrer Partnerschaft zu viele Kompromisse eingehen

Ihre Entscheidungen hinterfragen

Laut Irene Fehr, Beraterin für Sexualität und Intimität, ist das Hinterfragen von Entscheidungen ein deutliches Zeichen dafür, dass man mit seiner Wahl nicht zufrieden ist. Ein Beispiel: Ihr Partner möchte in eine neue Stadt ziehen, Sie aber nicht. Nach einigen Diskussionen stimmen Sie zu, nur um den Frieden zu wahren und ihn glücklich zu machen. Wenn Sie aber immer wieder zweifeln und den Streit in Gedanken durchspielen, ist das ein Zeichen dafür, dass Sie mit Ihrer Entscheidung nicht zufrieden sind.

Ihre Identität verlieren

Vergleichen Sie Ihre Beziehungen vor und nach dem Kennenlernen. Haben Sie noch die gleichen Freunde, Interessen, Unabhängigkeit und Werte? Wenn Sie sich nicht mehr wie Sie selbst fühlen, haben Sie vielleicht zu viel aufgegeben. Sie werden feststellen, dass Sie das Leben Ihres Partners leben und das tun, was er mag, anstatt das zu tun, was Ihnen Spaß macht.

Wenn dies ein Muster in Ihrer Beziehung ist, in der Sie Ihre Identität und Ihre Werte aufgeben, um Ihrem Partner zu gefallen oder um Streit zu vermeiden, sollten Sie jetzt einen Schritt machen und Grenzen setzen.

Grenzen setzen

Machen Sie eine Liste

Machen Sie sich klar, dass Sie nicht bei allem Kompromisse eingehen können. Machen Sie eine Liste der Dinge, bei denen Sie niemals Kompromisse eingehen werden, und kommunizieren Sie diese mit Ihrem Partner, so dass Sie sich einig sind.

Sagen Sie „Nein"

Wenn Ihr Partner Sie bittet, Ihre Werte, Ihr Glück oder etwas, das Ihnen wichtig ist, aufzugeben, sagen Sie „Nein". Seien Sie selbstbewusst und machen Sie deutlich, dass er Sie nicht umstimmen kann: Nein heißt Nein.

Fordern Sie Respekt

Ihr Partner sollte Ihre Bedürfnisse und Werte genauso respektieren wie Sie die seinen. Er sollte nicht so tun, als seien Ihre Bedürfnisse und Überzeugungen unwichtig.

Fehler Nr. 3: Er oder sie kann nicht mit Konflikten umgehen.

Die Fähigkeit, mit Konflikten umzugehen, ist ein Zeichen von Reife. Konflikte sind ein natürlicher Bestandteil von Beziehungen – alle Paare streiten und haben Meinungsverschiedenheiten. Die Aktionen und Reaktionen Ihres Partners während eines Konflikts zeigen Ihnen, ob Ihre Beziehung gesund ist oder nicht.

Anzeichen, dass Ihr Partner schlecht mit Konflikten umgehen kann

Losstürmen

Geht es Ihnen auch so? Anstatt sich zusammenzusetzen und die Dinge zu besprechen, stürmt Ihr Partner davon, wenn Sie einen Konflikt haben oder versuchen, Ihre Gefühle auszudrücken. Das passiert meistens, wenn Sie ihn auf sein schlechtes oder giftiges Verhalten ansprechen und er nicht zugeben will, dass er im Unrecht ist.

Die Stimme erheben

Wenn Ihr Partner in einer schwachen Position ist, wird er seine Stimme erheben, um Sie zu manipulieren oder Ihnen Angst einzujagen, damit Sie die Sache auf sich beruhen lassen. In einigen schwierigen Situationen kann der Partner beleidigend, feindselig oder gewalttätig werden.

Sie anschweigen

Narzisstische und toxische Menschen hassen es, wenn man sie auf ihre Fehler oder Schwächen hinweist. Sie bestrafen Sie mit Schweigen, um Sie davon abzuhalten, sich jemals wieder zu äußern. Wenn sie das nächste Mal etwas tun, das Sie verärgert, behalten Sie es für sich, um dieses passiv-aggressive Verhalten zu vermeiden.

Den Spieß umdrehen

Wenn Ihr Partner ständig den Spieß umdreht, um nicht für seine Fehler zur Rechenschaft gezogen zu werden, ist das ein deutliches Zeichen für seine Unfähigkeit, mit Konflikten umzugehen.

Auch wenn Sie die Reaktion Ihres Partners nicht kontrollieren können, sollten Sie ihm klarmachen, dass seine Art, mit Konflikten umzugehen, weder akzeptabel noch respektabel ist.

Grenzen setzen

Setzen Sie sich mit Ihrem Partner zusammen, wenn Sie beide ruhig sind, nicht während eines Streits, und vereinbaren Sie die besten Strategien zur Konfliktlösung. Sie können zum Beispiel eine Liste mit Regeln erstellen und diese auf Ihrem Handy speichern. Sie können Dinge eintragen wie

- keine Drohungen
- kein Losstürmen
- keine Beschimpfungen oder Beleidigungen
- keine erhobenen Stimmen
- nicht mit dem Finger zeigen
- keine Dinge werfen
- kein Schreien
- keine Unterbrechungen

Machen Sie deutlich, dass Sie nicht gegeneinander kämpfen oder mit dem Finger auf andere zeigen, sondern versuchen, eine Lösung für ein Problem zu finden. Sie sind im selben Team. Wenn Ihr Partner sich nicht an die Regeln hält, beenden Sie das Gespräch. Wenn er zum Beispiel laut wird oder Sie beleidigt, gehen Sie weg, um zu zeigen, dass Sie dieses Verhalten nicht akzeptieren. Das ist etwas anderes, als während eines Streits wegzurennen. Sie sind weggegangen, weil sie mit dem Konflikt nicht umgehen konnten, aber Sie haben die Respektlosigkeit nicht akzeptiert. Nehmen Sie sich Zeit, um sich zu beruhigen und sagen Sie ihnen, dass Sie dieses Verhalten nicht mehr tolerieren werden.

Fehler Nr. 4: Sie oder er übernimmt keine Verantwortung für ihre/seine Handlungen

Ein unreifer Partner wird nie die Verantwortung für sein Verhalten übernehmen, was sich in der Regel darin zeigt, wie er mit Konflikten umgeht.

Anzeichen, dass Ihr Partner sich weigert, Verantwortung zu übernehmen

Nichts ist sein Fehler

Ein unverantwortlicher Partner gibt Ihnen, anderen Menschen, Familienmitgliedern, dem Wetter, der Regierung oder irgendjemandem oder irgendetwas anderem die Schuld als sich selbst. Ihr Partner hat zum Beispiel während eines Streits verletzende Dinge gesagt. Anstatt zuzugeben, was er getan hat und sich zu entschuldigen, schiebt er die Schuld darauf, dass er bei der Arbeit gestresst war oder einen schlechten Tag hatte, oder er macht Sie dafür verantwortlich, dass er sich so verhalten hat. Er wird sagen: „Du hast mich dazu gebracht, laut zu werden" oder „Ich war betrunken. Ich wusste nicht, was ich gesagt habe". Kurz gesagt: Sie sind immer das Opfer.

Er weigert sich, sich zu ändern

Wenn Sie die Verantwortung für Ihr Verhalten übernehmen, sind Sie bereit, sich zu ändern. Wenn Ihr Partner sich entschuldigt, nachdem er Sie verärgert hat, aber sein Verhalten nicht ändert, ist er nicht bereit, sich zu ändern. Eine Entschuldigung ist ein Versprechen, ein bestimmtes Verhalten nicht mehr zu wiederholen. Wenn er sich weiterhin so verhält, ist seine Entschuldigung bedeutungslos.

Grenzen setzen

Akzeptieren Sie keine Schuldzuweisungen oder Vorwürfe Ihres Partners, wenn er versucht, sich seiner Verantwortung zu entziehen. Wenn Sie in einer co-abhängigen Beziehung leben, werden Sie die Fehler Ihres Partners ausbügeln oder sich ständig bei anderen für sein Verhalten entschuldigen. Bleiben Sie standhaft und weigern Sie sich, der Sündenbock zu sein. Akzeptieren Sie keine Entschuldigungen, es sei denn, sie zeigen Ihnen, dass sie sich ändern werden. Seien Sie bereit zu gehen, wenn Sie das Gefühl haben, dass sie nicht bereit sind, erwachsen zu werden und zu ihren Fehlern zu stehen.

Fehler Nr. 5: Übertriebene Eifersucht

Ein bisschen Eifersucht ist normal. Es ist zum Beispiel normal, eifersüchtig zu sein, wenn der Ex des Partners eine SMS schickt. Aber Eifersucht, die zu kontrollierendem Verhalten führt, ist schädlich. Sie schreibt einem vor, was man anziehen soll, durchsucht das Handy oder taucht auf, wenn man mit Freunden unterwegs ist, um einem nachzuspionieren. Extreme Eifersucht ist ungesund und hat meist mit mangelndem Selbstvertrauen zu tun.

Anzeichen, dass Ihr Partner extrem eifersüchtig ist

- Er macht eine große Sache daraus, wenn Sie Zeit mit Ihren Freunden verbringen.
- Er ruft Sie an und schreibt Ihnen den ganzen Tag SMS, um Sie zu fragen, mit wem Sie zusammen sind und was Sie gerade machen.
- Er hat Probleme mit Ihren gutaussehenden Freunden, weil er befürchtet, dass Sie ihn betrügen.
- Er kontrolliert, was Sie anziehen.
- Er spioniert in Ihrem Telefon.

Grenzen setzen

Verhindern Sie, dass er in Ihrem Telefon spioniert

Auf keinen Fall sollte Ihr Partner Ihr Telefon oder Ihre Sachen durchsuchen. Schon die Bitte, Ihre SMS zu lesen oder Ihre Fotogalerie anzusehen, ist ein großes Warnsignal. Machen Sie ihm klar, dass dies nicht akzeptabel ist und wenn er Ihnen nicht vertraut, haben Sie ein größeres Problem. Wenn er Sie unter Druck setzt, sagen Sie „Nein" und bleiben Sie standhaft.

Sprechen Sie mit ihm

Sprechen Sie mit ihm und finden Sie heraus, warum er eifersüchtig ist. Ist es mangelndes Selbstvertrauen, fehlendes Vertrauen oder wurde er schon einmal von jemandem betrogen?

Bitten Sie ihn, Ihnen zu vertrauen

Wenn Sie herausgefunden haben, woher die Eifersucht kommt, bitten Sie ihn, Ihnen zu vertrauen. Sagen Sie ihm, dass er Ihnen nicht alle fünf Minuten eine SMS schicken muss, wenn Sie mit Freunden unterwegs sind, und dass er nicht jedes Detail Ihres Lebens kennen muss, um das zu tun. Sprechen Sie über Vertrauen und sagen Sie ihm, dass er Ihnen genauso vertrauen sollte wie Sie ihm. Sie können eine Paartherapie versuchen, um Ihnen zu helfen, an Ihren Vertrauensproblemen zu arbeiten.

Fehler Nr. 6: Ihre Beziehung mit anderen diskutieren

Partner sollten ihre Probleme gemeinsam lösen, nicht mit anderen. Wenn Ihr Partner mit all Ihren Beziehungsproblemen zu seinen Freunden rennt und ihnen Ihre intimsten Geheimnisse erzählt, respektiert er Sie und Ihre Privatsphäre nicht. Es ist in Ordnung, mit Freunden über Ihren Partner oder Ihre Beziehung zu sprechen, aber es ist nicht in Ordnung, ihnen jedes Detail, jeden Streit und persönliche Dinge über Ihren Partner zu erzählen. Wenn Sie das Gefühl haben, dass Sie mit Ihrem Partner und seinen Freunden zusammen sind, ist es an der Zeit, Grenzen zu setzen.

Grenzen setzen

Führen Sie ein ruhiges Gespräch mit Ihrem Partner und erklären Sie ihm, dass es Dinge gibt, die er nicht mit seinen Freunden teilen sollte. Beziehungsprobleme und intime Details sollten zwischen Ihnen beiden bleiben. Machen Sie ihm klar, dass dies zu Vertrauensproblemen geführt hat und dass Sie ihm nicht mehr vertrauen können, wenn alles, was Sie sagen, an seine Freunde weitergegeben wird. Wenn Ihr Partner sich nicht mehr zurückhalten kann, erzählen Sie ihm keine privaten Informationen oder Geheimnisse mehr. Erklären Sie ihm, dass es Sie verletzt, wenn Sie das Gefühl haben, nichts mit ihm teilen zu können, weil Sie ihm nicht vertrauen.

Toxische Beziehungsszenarien und Lösungen

Problem

Sie sagen Ihrem Partner, dass Sie heute Abend mit Ihren Freunden ausgehen, aber Ihr Partner wird wütend und beschuldigt Sie, dass Sie die ganze Zeit mit Ihren Freunden verbringen und nicht genug Zeit für ihn haben. Ihre Freunde sagen, dass sie Sie vermissen, wenn Sie nicht da sind, und dass sie die ganze Zeit mit Ihnen zusammen sein wollen.

Lösungen

In gesunden Beziehungen verbringen die Partner nicht die ganze Zeit zusammen. Es ist gesund, Zeit getrennt zu verbringen. Ihr Partner verhält sich kontrollierend und besitzergreifend. Erklären Sie ihm, dass die Zeit, die Sie mit Ihren Freunden verbringen, nicht bedeutet, dass Sie ihn nicht lieben. Sagen Sie ihm, dass es für Sie beide gesund ist, Zeit mit anderen Menschen zu verbringen. Geben Sie den Wünschen Ihres Partners nicht nach und gehen Sie mit Ihren Freunden aus. Sagen Sie ihm, dass er nicht kontrollieren kann, mit wem Sie Ihre Zeit verbringen.

Problem

Sie sind seit einigen Monaten mit Ihrem Partner zusammen und er möchte, dass Sie zusammenziehen. Sie lieben Ihren Partner, sind aber noch nicht bereit für diesen Schritt. Er will aber nicht auf Sie hören und stellt Ihnen ein Ultimatum: Entweder Sie ziehen zusammen oder die Beziehung ist vorbei.

Lösungen

Sagen Sie Ihrem Partner, dass Sie ihn lieben und unbedingt zusammenziehen wollen, aber dass Sie noch nicht bereit sind. Wenn er darauf besteht, machen Sie ihm klar, dass dies Ihre endgültige Entscheidung ist und er sie respektieren muss. Wenn er Ihnen ein Ultimatum stellt, sagen Sie ihm, dass dies keine gesunde Art ist, mit Konflikten umzugehen, und dass Sie zu einem Gespräch bereit sind, wenn er zu einem vernünftigen Gespräch bereit ist.

In manchen Fällen wird Ihr Partner Ihre Grenzen nicht akzeptieren, egal was Sie tun. Wenn Sie keine Hoffnung mehr haben, dass er sich jemals ändern wird, sollten Sie erwägen, die Beziehung zu beenden, um Ihre psychische Gesundheit und Ihre Identität zu schützen.

Fragen zum Nachdenken

- Ist es angemessen, dass Ihr Partner Ihr persönliches Erscheinungsbild kritisiert?
- Sollten Sie aufhören, Zeit mit jeder Person zu verbringen, mit der Ihr Partner ein Problem hat?
- Sollten Sie den Forderungen Ihres Partners nachgeben, um Konflikte zu vermeiden?
- Ist es akzeptabel, dass Ihr Partner alle zehn Minuten nach Ihnen sieht, wenn Sie mit Freunden unterwegs sind?

Grenzen können eine Beziehung retten oder zerstören. Legen Sie frühzeitig Grenzen fest, um sicherzustellen, dass Sie und Ihr Partner auf der gleichen Seite stehen. Grenzen sind in allen Beziehungen notwendig, auch in der Familie. Wenn ein Elternteil oder Geschwister manipulativ handeln, sollten Sie einige Regeln aufstellen, um Ihre psychische

Gesundheit zu schützen. Im nächsten Kapitel finden Sie gesunde Methoden für den Umgang mit ungesunden Familienmitgliedern.

Kapitel 5: Zehn wirksame Arten, mit schwierigen Familienmitgliedern umzugehen

Wir alle kennen das Gefühl. Sie sind bei einem Familientreffen und plötzlich spüren Sie, wie Ihr Blutdruck steigt. Ihr Herz beginnt zu rasen und Sie spüren, wie die Wut in Ihnen hochkocht. Vielleicht versuchen Sie, ein paar Mal tief durchzuatmen und sich zu beruhigen, aber schon bald befinden Sie sich mitten in einem heftigen Streit mit einem Familienmitglied. Wenn Ihnen das bekannt vorkommt, müssen Sie vielleicht daran arbeiten, Ihrer Familie gesunde Grenzen zu setzen.

Die meisten von uns haben dieses Familienmitglied. Sie wissen, wer das ist. Die Person, die ständig um Geld bittet, das Auto leihen will oder ständig persönliche Fragen stellt, die einem unangenehm sind. Wir alle haben unsere Grenzen – Dinge, die wir nicht überschreiten wollen – aber es kann schwierig sein, diese Grenzen bei Familienmitgliedern durchzusetzen. Schließlich gehören sie zur Familie und wir wollen ihnen helfen. Aber es ist wichtig, sich daran zu erinnern, dass man das Recht hat, „Nein" zu sagen, und dass es in Ordnung ist, Familienmitgliedern Grenzen zu setzen.

Lernen Sie, wie Sie bei schwierigen Familienmitgliedern effektiv Grenzen setzen können.
https://pixabay.com/es/photos/pareja-discutiendo-desacuerdo-6471113/

Die Funktion von Grenzen in Familienbeziehungen

So wie ein Land Grenzen hat, um sein Territorium abzugrenzen, haben Familien Grenzen, um ihre Mitglieder und ihre Rollen zu definieren. Familiengrenzen helfen zu definieren, wer zur Familie gehört und wer nicht, und welche Rolle jedes Familienmitglied spielt. Die vielleicht wichtigste Funktion von Familiengrenzen ist es, ein Gefühl von Stabilität und Sicherheit zu vermitteln. In einer Welt, die sich ständig verändert, tragen Familiengrenzen dazu bei, Beständigkeit in unser Leben zu bringen. Sie erinnern uns daran, wer wir sind und wohin wir gehören. Außerdem können Familiengrenzen dazu beitragen, Konflikte zu reduzieren, indem sie Erwartungen und Rollen klären. Wenn jeder weiß, was von ihm erwartet wird, gibt es weniger Raum für Missverständnisse. Schließlich können Familiengrenzen ein Gefühl des Schutzes vor der Außenwelt vermitteln. Sie können einen sicheren Zufluchtsort vor dem Arbeits- oder Schulstress bieten und Unterstützung in Zeiten der Not bieten. Kurzum, familiäre Grenzen spielen eine wesentliche Rolle bei der Aufrechterhaltung gesunder Beziehungen.

Warum der Umgang mit Grenzen ebenso mühsam wie erfreulich sein kann

Familienbeziehungen können zu den bereicherndsten und erfüllendsten Beziehungen in unserem Leben gehören. Sie können aber auch zu den schwierigsten gehören, insbesondere wenn es um den Umgang mit Grenzen geht. Unabhängig davon, ob wir unseren Eltern, Kindern oder Geschwistern Grenzen setzen, ist es wichtig, sich daran zu erinnern, dass diese Beziehungen auf Liebe und Respekt basieren. Auch wenn es schwierig sein kann, klare Grenzen zu setzen, kann es letztendlich dazu beitragen, unsere Beziehungen zu stärken und zu verbessern.

Eine der häufigsten Herausforderungen beim Umgang mit Grenzen in Familienbeziehungen ist der Umgang mit unseren eigenen Gefühlen. Wir fühlen uns vielleicht schuldig oder haben Angst, unseren Angehörigen Grenzen zu setzen. Wir machen uns vielleicht Sorgen, zu fordernd zu sein oder nicht genug zu tun. Es ist wichtig, sich daran zu erinnern, dass diese Gefühle natürlich und normal sind, uns aber nicht davon abhalten sollten, gesunde Grenzen zu setzen.

Eine weitere häufige Herausforderung ist der Umgang mit den Gefühlen anderer. Es kann sein, dass wir uns ständig dabei ertappen, die Bedürfnisse und Wünsche anderer zu erfüllen, auch wenn wir dadurch unser eigenes Wohlbefinden gefährden. Es kann schwierig sein, diese Gewohnheit abzulegen, aber es ist wichtig, sich daran zu erinnern, dass wir nicht für das Glück anderer verantwortlich sind. Wir können nur unsere eigenen Entscheidungen und Handlungen kontrollieren.

Letztendlich ist der Umgang mit Grenzen in Familienbeziehungen ein Prozess von Versuch und Irrtum. Es wird Zeiten geben, in denen wir Fehler machen, und Zeiten, in denen unsere Grenzen in Frage gestellt werden. Aber wenn wir offen und ehrlich zu uns selbst und unseren Lieben sind, können wir stärkere und gesündere Beziehungen aufbauen, die auf gegenseitigem Respekt und Verständnis beruhen.

Wie man in einer Familienbeziehung Grenzen setzt

1. Stellen Sie Ihre Bedürfnisse an die erste Stelle

Grenzen zu setzen ist eine Fähigkeit, die nur wenigen von uns in der Kindheit beigebracht wird. Wir lernen zu teilen, höflich zu sein und anderen zuzuhören, aber wir lernen nicht immer, unsere Bedürfnisse durchzusetzen oder auf eine Art und Weise „Nein" zu sagen, die sich gut anfühlt. Dies kann dazu führen, dass wir uns überfordert, verärgert und schuldig fühlen, wenn wir versuchen, unseren Familienmitgliedern Grenzen zu setzen. Eine Möglichkeit, den Familienmitgliedern gesunde Grenzen zu setzen, besteht darin, die eigenen Bedürfnisse in den Vordergrund zu stellen. Das bedeutet, dass Sie Entscheidungen auf der Grundlage dessen treffen, was für Sie am besten ist, und nicht auf der Grundlage dessen, was andere glücklich machen würde. Wenn Sie zum Beispiel ein Familienmitglied haben, das Sie ständig um Geld bittet, können Sie ihm eine Grenze setzen, indem Sie ihm sagen, dass Sie ihm kein Geld mehr leihen werden. Das heißt nicht, dass Sie sich nicht um ihn kümmern. Es bedeutet nur, dass Sie Ihre eigenen Bedürfnisse an die erste Stelle setzen.

Es kann auch hilfreich sein, Grenzen für Zeit und Energie zu setzen. Wenn Sie zum Beispiel ein Familienmitglied haben, das immer stundenlang telefonieren will, können Sie ihm sagen, dass Sie nur 20 Minuten Zeit haben. So wissen sie, dass Sie Ihre Zeit schätzen und dass sie sich an Ihre Zeitvorgaben halten müssen.

Schließlich ist es wichtig, seine Grenzen klar zu kommunizieren. Das bedeutet, dass man durchsetzungsfähig sein und sich selbst verteidigen muss. Es ist in Ordnung, höflich zu sein, aber es ist auch in Ordnung, seine Bedürfnisse deutlich zu machen. Wenn Sie ein Familienmitglied haben, das ständig Ihre Zeit beansprucht, können Sie etwas sagen wie: *„Ich verbringe gerne Zeit mit dir, aber ich brauche auch Zeit für mich. Ich telefoniere gerne 20 Minuten mit dir, aber danach nehme ich mir Zeit für mich".*

Wenn wir über das Setzen von Grenzen nachdenken, konzentrieren wir uns oft auf das, was wir nicht tun sollten, wie zum Beispiel Bitten abzulehnen, unsere Zeit zu begrenzen oder andere zu bitten, unsere Privatsphäre zu respektieren. Aber es ist genauso wichtig, darüber nachzudenken, was wir tun sollten, um gesunde Grenzen zu setzen. Eines der wichtigsten Dinge, die wir tun können, ist, unsere Bedürfnisse an die erste Stelle zu setzen.

Es kann schwierig sein, gesunde Grenzen gegenüber Familienmitgliedern zu setzen, aber es ist wichtig, sich daran zu erinnern, dass man das Recht hat, sich selbst an die erste Stelle zu setzen. Wenn Sie sich über Ihre Bedürfnisse im Klaren sind und diese selbstbewusst kommunizieren, können Sie Grenzen auf eine Art und Weise setzen, die für alle Beteiligten gut ist.

Die eigenen Bedürfnisse in den Vordergrund zu stellen, bedeutet natürlich nicht, völlig egoistisch zu sein. Es ist wichtig, ein Gleichgewicht zwischen der Sorge für sich selbst und der Sorge für andere zu finden. Aber wenn Sie Grenzen setzen, denken Sie daran, dass Sie niemandem mehr schuldig sind, als Sie selbst geben möchten. Sie können Ihre Zeit, Energie und Ressourcen so einsetzen, wie Sie es für richtig halten.

2. Seien Sie direkt und freundlich in Ihrer Haltung

Familienbeziehungen gehören zu den wichtigsten in unserem Leben, können aber auch zu den schwierigsten gehören. Eine häufige Schwierigkeit besteht darin, gesunde Grenzen gegenüber Familienmitgliedern zu setzen. Es kann eine heikle Aufgabe sein, eine enge Beziehung aufrechtzuerhalten und gleichzeitig die eigenen Bedürfnisse und Freiräume zu respektieren. Es gibt viele Möglichkeiten, damit umzugehen, aber eine, die sich als wirksam erweisen kann, ist eine direkte und freundliche Art der Kommunikation. Es ist wichtig, klar zu sagen, was Ihre Bedürfnisse sind und womit Sie einverstanden sind, aber es ist auch wichtig, dies auf eine Art und Weise zu tun, die zeigt, dass Ihnen die Beziehung immer noch wichtig ist und dass Sie sie schätzen. Manchmal kann es notwendig sein, Grenzen gegenüber Familienmitgliedern zu setzen, die übermäßig kritisch, manipulativ oder abweisend sind. Es ist wichtig, daran zu denken, dass Sie respektlose Behandlung nicht hinnehmen müssen, nur weil jemand mit Ihnen verwandt ist. Wenn ein Familienmitglied wiederholt Ihre Grenzen überschreitet, kann es notwendig sein, den Kontakt zu dieser Person einzuschränken oder zu beenden. Hier einige Tipps, wie Sie auf gesunde Weise Grenzen setzen können:

- Drücken Sie Ihre Gefühle auf eine nicht vorwurfsvolle Weise aus. Sie könnten zum Beispiel sagen: *„Ich fühle mich verletzt, wenn du mich kritisierst".*

- Machen Sie deutlich, welches Verhalten nicht akzeptabel ist. Sie könnten zum Beispiel sagen: *„Ich mag es nicht, wenn man mich anschreit".*

- Seien Sie selbstbewusst, aber vermeiden Sie Konfrontationen. Sie könnten zum Beispiel sagen: *„Ich werde eine Pause von diesem Gespräch machen"* oder *„Ich brauche etwas Zeit für mich allein".*

- Formulieren Sie Ihre Bedürfnisse klar und deutlich. Sie könnten zum Beispiel sagen: *„Ich möchte, dass du meine Entscheidung respektierst".*

- Geben Sie sich Zeit, um sich abzukühlen, wenn die Situation zu hitzig wird. Sie können jederzeit später auf das Gespräch zurückkommen, wenn sich alle Beteiligten beruhigt haben.

- Sie könnten etwas sagen wie: *„Ich verbringe gerne Zeit mit dir, aber ich brauche jetzt wirklich etwas Abstand. Ich hoffe, du verstehst das."*

Es ist wichtig, sich daran zu erinnern, dass es beim Setzen von Grenzen nicht darum geht, andere glücklich zu machen – es geht darum, für sich selbst zu sorgen. Wenn Sie direkt und freundlich sind, können Sie Ihren Familienmitgliedern gesunde Grenzen setzen und gleichzeitig respektvolle Beziehungen aufrechterhalten.

3. Schätzen Sie Ihre Zeit und verlangen Sie das Gleiche von anderen

Jeder Mensch fühlt sich unterschiedlich wohl, wenn es darum geht, Grenzen gegenüber Familienmitgliedern zu setzen. Für einige mag es selbstverständlich sein, alles mit ihren Angehörigen zu teilen. Andere ziehen es vielleicht vor, bestimmte Aspekte ihres Lebens privat zu halten. Es gibt keinen richtigen oder falschen Weg, um Grenzen zu setzen. Das Wichtigste ist, dass Sie Ihre eigenen Bedürfnisse und Vorlieben respektieren. Eine Möglichkeit, gesunde Grenzen gegenüber Familienmitgliedern zu setzen, besteht darin, die eigene Zeit zu schätzen und das Gleiche von anderen zu verlangen. Wenn Sie bei der Arbeit nicht gestört werden möchten, teilen Sie dies Ihren Angehörigen im Voraus mit und bitten Sie sie, Ihren Freiraum zu respektieren. Sie können auch bestimmte Zeiten für gemeinsame Unternehmungen festlegen, anstatt rund um die Uhr erreichbar zu sein. So vermeiden Sie, dass Sie sich überfordert fühlen oder den Eindruck haben, ständig im Dienst zu sein.

Es kann schwierig sein, Familienmitgliedern Grenzen zu setzen, besonders wenn Sie traditionell die Bezugsperson in Ihrer Familie waren. Es ist jedoch wichtig, daran zu denken, dass Sie das Recht haben, den gleichen Respekt für Ihre Zeit einzufordern wie andere Familienmitglieder. Wenn Sie zum Beispiel nur montags und mittwochs abends für Telefongespräche zur Verfügung stehen, teilen Sie dies Ihrer Familie im Voraus mit und halten Sie sich an diesen Zeitplan. Wenn Sie jemand in letzter Minute um einen Gefallen bittet, für den Sie alles stehen und liegen lassen und Ihre Pläne ändern müssen, erklären Sie, dass Sie dazu nicht in der Lage sind. Es ist auch wichtig, dass Sie sich darüber im Klaren sind, was Sie bereit sind, für andere zu tun. Indem Sie gesunde Grenzen setzen und Ihre eigene Zeit respektieren, senden Sie die Botschaft, dass Sie den Respekt anderer verdienen. Familienbeziehungen können komplex und herausfordernd sein, aber das Setzen gesunder Grenzen ist der Schlüssel zu einer gesunden und unterstützenden Beziehung zu Ihren Angehörigen.

Das Vermeiden von Familienklatsch ist eine Möglichkeit, gesunde Grenzen gegenüber Familienmitgliedern zu setzen. Familienklatsch kann verletzend und destruktiv sein und führt oft zu Streit und starken Gefühlen. Er kann auch eine Möglichkeit für Familienmitglieder sein, sich gegenseitig zu kontrollieren und zu manipulieren. Wenn Sie sich in einer Situation befinden, in der Familienmitglieder tratschen, versuchen Sie, das Gespräch in eine andere Richtung zu lenken. Sie können sich auch höflich aus dem Gespräch zurückziehen. Sie können auch mit Ihrer Familie vereinbaren, dass Sie Klatsch und Tratsch nicht tolerieren. Es ist wichtig, gesunde Grenzen gegenüber Familienmitgliedern zu setzen, um eine gute Beziehung aufrechtzuerhalten. Das kann schwierig sein, zahlt sich aber langfristig aus. Indem Sie Grenzen setzen, können Sie dazu beitragen, eine positivere und gesündere Beziehung zu Ihrer Familie aufzubauen.

4. Lernen Sie „Nein" zu sagen

Eine Möglichkeit, gesunde Grenzen gegenüber Familienmitgliedern zu setzen, ist zu lernen, „Nein" zu sagen. Das kann schwierig sein, vor allem, wenn man in dem Glauben aufgewachsen ist, dass man immer das tun muss, was Ältere oder Familienmitglieder von einem verlangen. Es ist jedoch wichtig, sich daran zu erinnern, dass Sie erwachsen sind und das Recht haben, Ihre eigenen Entscheidungen zu treffen. Vielleicht müssen Sie erst vor einem Spiegel oder mit einem vertrauten Freund üben, „Nein" zu sagen, bevor Sie es mit einem Familienmitglied tun können. Aber wenn Sie es einmal gelernt haben, wird es Ihren Angehörigen viel leichter fallen, Ihre Grenzen zu respektieren.

Hier sind einige Situationen, in denen Sie „Nein" sagen müssen

- Ihre Eltern möchten, dass Sie sie jedes Wochenende besuchen, aber Sie haben andere Pläne.

- Ihr Bruder bittet Sie, ihm Geld zu leihen, aber Sie können es sich nicht leisten.

- Ihre Cousine möchte, dass Sie auf ihre Kinder aufpassen, aber Sie fühlen sich dabei nicht wohl.

- Ihre Tante fragt Sie, warum Sie noch nicht verheiratet sind oder wann Sie Kinder haben werden.

Wenn Ihnen so etwas passiert, sagen Sie einfach höflich „Nein" und geben Sie, wenn nötig, eine kurze Erklärung. Wenn Ihre Eltern Sie zum Beispiel fragen, warum Sie sie nicht jedes Wochenende besuchen, können Sie sagen, dass Sie etwas Zeit für sich brauchen und dass Sie sie bald besuchen werden. Wenn Ihr Bruder Sie bittet, ihm Geld zu leihen, sagen Sie ihm, dass Sie gerade kein zusätzliches Geld haben, aber bieten Sie ihm an, ihm auf andere Weise zu helfen, zum Beispiel indem Sie ihm etwas leihen, das er braucht, oder indem Sie ihm anbieten, etwas für ihn zu tun. Und wenn Ihre Cousine Sie bittet, auf ihre Kinder aufzupassen, erklären Sie ihr, dass Ihnen das unangenehm ist, aber bieten Sie ihr an, etwas anderes mit ihnen zu unternehmen. Denken Sie daran, dass es in Ordnung ist, „Nein" zu sagen – seien Sie nur höflich!

Lassen Sie uns nun Ihr bisheriges Wissen bewerten:

- Warum ist es wichtig zu lernen, wie man „Nein" sagt?

- In welchen Situationen könnten Sie diese Fähigkeit gebrauchen?

- Wie können Sie üben, „Nein" zu sagen?

- Was sollten Sie tun, wenn jemand wütend auf Sie ist, weil Sie „Nein" gesagt haben?

5. Identifizieren und beseitigen Sie Auslöser

Eine Möglichkeit, gesunde Grenzen gegenüber Familienmitgliedern zu setzen, besteht darin, Auslöser zu erkennen und zu beseitigen oder zu vermeiden. Welche Dinge bringen Sie aus dem Gleichgewicht? Sind es bestimmte Gesprächsthemen? Ist es die Nähe zu bestimmten Personen? Wenn Sie wissen, was Ihre Auslöser sind, können Sie sie entweder ganz vermeiden oder sich auf einen gesunden Umgang mit ihnen vorbereiten. Wenn Sie zum Beispiel wissen, dass politische Diskussionen mit Ihrem Onkel immer im Streit enden, können Sie das Thema ganz vermeiden. Oder wenn Sie wissen, dass Sie sich in Gegenwart Ihrer Cousine immer ängstlich fühlen, können Sie sich vornehmen, weniger Zeit mit ihr zu verbringen.

Natürlich lassen sich Auslöser nicht immer vermeiden. In solchen Fällen ist es wichtig, über einige Hilfsmittel zu verfügen, um mit ihnen auf gesunde Weise umzugehen. Eine Möglichkeit besteht darin, sich zeitliche Grenzen zu setzen, wie viel Zeit man mit schwierigen Themen oder Personen verbringt. Sie könnten zum Beispiel beschließen, nur 15 Minuten mit Ihrem Onkel über Politik zu sprechen, bevor Sie das Thema wechseln. Oder Sie beschließen, bei Familientreffen nur eine Stunde mit Ihrem Cousin zu verbringen. Eine weitere Möglichkeit besteht darin, vor und während auslösender Situationen einige grundlegende Selbstfürsorgetechniken anzuwenden, wie zum Beispiel tiefes Atmen oder positive Selbstgespräche. Dies kann Ihnen helfen, ruhig zu bleiben und sich auf einen gesunden Umgang mit der Situation zu konzentrieren.

Bisher haben wir über Möglichkeiten gesprochen, Auslöser in bestimmten Situationen zu vermeiden oder mit ihnen umzugehen. Was aber, wenn diese Situationen unerwartet eintreten? In solchen Fällen ist es wichtig, dass man in der Lage ist, sich notfalls aus der Situation zu befreien. Das kann bedeuten, dass man den Raum verlässt, wenn jemand anfängt, mit einem zu streiten, oder dass man eine Pause macht, wenn man sich überfordert fühlt. Es ist auch wichtig, einen Plan für Situationen zu haben, die besonders anstrengend sind, wie zum Beispiel die gefürchteten Feiertagstreffen, damit man, wenn nötig, gehen kann, ohne sich schuldig zu fühlen oder jemanden im Stich zu lassen.

Inzwischen sollten Sie wissen, was es braucht, um gesunde Grenzen gegenüber Familienmitgliedern zu setzen, aber lassen Sie uns das noch einmal zusammenfassen. Erstens: Identifizieren Sie Ihre Auslöser. Zweitens: Beseitigen oder vermeiden Sie sie, wenn möglich. Drittens: Setzen Sie Grenzen für die Zeit, die Sie in auslösenden Situationen verbringen. Viertens: Üben Sie Selbstfürsorgetechniken und Fünftens: Erstellen Sie einen Ausstiegsplan für besonders belastende Situationen. Und schließlich: Denken Sie daran, dass es in Ordnung ist, jede Situation zu verlassen – auch mitten beim Abendessen! – wenn es darum geht, sich um sich selbst zu kümmern.

6. Seien Sie durchsetzungsfähig

Es kann sehr schwierig sein, Familienmitgliedern Grenzen zu setzen, besonders wenn man eine enge Beziehung zu ihnen hat. Man möchte ihre Gefühle nicht verletzen oder zu streng sein, aber man muss sich selbst und sein eigenes Wohlbefinden schützen. Eine Möglichkeit, Familienmitgliedern gesunde Grenzen zu setzen, besteht darin, selbstbewusst zu sein und Ich-Sätze zu verwenden. Statt zum Beispiel zu sagen: „Du kritisierst mich ständig und das geht mir auf die Nerven", sollte man etwas sagen wie: „Ich fühle mich verletzt und nicht respektiert, wenn du mich kritisierst. Können wir bitte konstruktiver darüber reden?" Durch die Verwendung von Ich-Aussagen drücken Sie Ihre Gefühle aus und machen deutlich, dass Sie nicht bereit sind, respektloses Verhalten hinzunehmen. Diese Technik erfordert etwas Übung, aber sie ist es wert, wenn es um Ihre psychische Gesundheit geht. Ein anderes Beispiel: Anstatt zu sagen: „Du unterbrichst mich ständig", könnten Sie sagen: „Ich muss meinen Gedanken zu Ende führen". Damit signalisieren Sie, dass Sie es nicht tolerieren, unterbrochen zu werden, aber Sie greifen die Person auch nicht an. Sie können Ihren Familienmitgliedern auch Fragen stellen, damit sie Ihren Standpunkt verstehen. Zum Beispiel: „Kannst du dir vorstellen, dass das verletzend sein könnte? Auf diese Weise setzen Sie nicht nur eine Grenze, sondern helfen Ihren Familienmitgliedern auch, die Dinge aus Ihrer Perspektive zu sehen. Wenn Sie sich also das nächste Mal von einem Familienmitglied überfordert fühlen, denken Sie daran, selbstbewusst zu sein.

7. Lernen Sie, wegzugehen

Es kann schwierig sein, gesunde Grenzen gegenüber Familienmitgliedern zu setzen, aber es ist wichtig, sicherzustellen, dass Ihre Beziehungen positiv und unterstützend sind. Eine Möglichkeit ist es, zu lernen, sich abzugrenzen. Das bedeutet nicht, dass Sie den Kontakt zu ihnen abbrechen oder sie nie wieder sehen müssen, aber Sie müssen lernen, wann es Zeit ist, eine Pause einzulegen.

Es gibt verschiedene Situationen, in denen dies notwendig sein kann. Vielleicht haben Sie ein Familienmitglied, das Sie ständig herabsetzt oder Ihnen ein schlechtes Gewissen macht. Oder es gibt jemanden, der Sie ständig um einen Gefallen bittet, den Sie aber nie erwidern. In solchen Situationen ist es wichtig zu erkennen, wann man Zeit für sich braucht.

Es kann auch sein, dass Sie gehen müssen, wenn eine Situation zu hitzig wird oder Sie sich unwohl fühlen. Es ist in Ordnung zu sagen, dass Sie Zeit brauchen, um sich zu beruhigen oder dass Sie gehen müssen. Es kann schwierig sein, wenn die Person Ihre Wünsche nicht respektiert, aber es ist wichtig, dass Sie zu Ihrem Wort stehen. Manchmal ist es einfach nicht möglich oder nicht gesund, die Beziehung zu einem bestimmten Familienmitglied aufrechtzuerhalten. Wenn jemand zum

Beispiel beleidigend ist, ist es wahrscheinlich das Beste, die Beziehung ganz zu beenden.

Glauben Sie, dass es für Sie von Vorteil wäre, zu lernen, wie man weggeht? Warum oder warum nicht? Was sind andere gesunde Strategien, um Grenzen zu setzen? Fällt Ihnen ein Beispiel ein, wo Weggehen vielleicht nicht die beste Lösung ist?

8. Realistische Erwartungen an Beziehungen stellen

Es kann schwierig sein, gesunde Grenzen gegenüber Familienmitgliedern zu setzen, vor allem wenn man in der Vergangenheit ungesunde Beziehungen hatte. Es ist jedoch möglich, realistische Erwartungen an Beziehungen zu stellen und den Leser zu ermutigen, Lösungen für einige mögliche Szenarien zu entwickeln. In diesem Kapitel werden wir eine Möglichkeit diskutieren, wie man gesunde Grenzen gegenüber Familienmitgliedern setzen kann, und einige Beispiele geben. Außerdem werden wir Ihr bisheriges Wissen anhand einiger Fragen überprüfen.

Um gesunde Grenzen zu setzen, ist es wichtig, realistische Erwartungen an Beziehungen zu haben. Wenn Sie beispielsweise in der Vergangenheit von Familienmitgliedern schlecht behandelt wurden, erwarten Sie vielleicht, dass diese sich weiterhin so verhalten. Wenn Sie jedoch realistische Erwartungen haben, können Sie sich selbst dazu herausfordern, die Art und Weise, wie Sie mit ihnen umgehen, zu ändern. Vielleicht müssen Sie einige Regeln oder Grenzen aufstellen, aber es ist wichtig, sich daran zu erinnern, dass Sie es wert sind, geschützt zu werden. Es ist auch wichtig, daran zu denken, dass nicht alle Familienmitglieder gleich sind und dass einige bereit sein könnten, ihr Verhalten zu ändern, wenn Sie ihnen die Chance dazu geben.

Eine Möglichkeit, realistische Erwartungen an Beziehungen zu stellen, besteht darin, sich Lösungen für einige mögliche Szenarien auszudenken. Was würden Sie zum Beispiel tun, wenn ein Familienmitglied Sie schlecht behandeln würde? Würden Sie es zur Rede stellen oder versuchen, es zu ignorieren? Was, wenn es sich weigert, sein Verhalten zu ändern? Wie würden Sie damit umgehen? Es ist wichtig, sich im Voraus mit diesen Fragen zu beschäftigen, damit Sie vorbereitet sind, wenn die Situation eintritt.

9. Reden Sie darüber

Eine Möglichkeit, gesunde Grenzen gegenüber Familienmitgliedern zu setzen, besteht darin, darüber zu sprechen. Setzen Sie sich mit der

Person zusammen, von der Sie das Gefühl haben, dass sie Ihre Grenzen überschreitet, und erklären Sie ihr, wie Sie sich fühlen. Seien Sie selbstbewusst, aber auch respektvoll. Denken Sie daran, dass Sie beide erwachsen sind und ein Recht auf Ihre eigenen Meinungen und Gefühle haben. Wenn das Gespräch hitzig wird, versuchen Sie, einen Schritt zurückzutreten und tief durchzuatmen. Denken Sie daran, dass das Ziel ist, eine Lösung zu finden, die für Sie beide gut ist – und nicht, einen Streit zu beginnen.

Wenn Sie über Ihre Probleme gesprochen haben, versuchen Sie, gemeinsam Lösungen zu finden. Vielleicht gibt es Zeiten, in denen es für die andere Person in Ordnung ist, sich Ihr Auto zu leihen, oder vielleicht können Sie sich auf einen bestimmten Geldbetrag einigen, den sie sich von Ihnen leihen kann. Wie auch immer die Lösung aussieht, es ist wichtig, dass Sie beide an Bord sind. Wenn sich jemand nicht an die vereinbarten Grenzen hält, ist es Zeit für ein neues Gespräch.

Es kann schwierig sein, Grenzen gegenüber Familienmitgliedern zu setzen, aber es ist wichtig, das zu tun, was für Sie am besten ist. Durch Gespräche und Durchsetzungsvermögen können Sie gesunde Grenzen setzen, die langfristig für Sie beide von Vorteil sind.

Kapitel 6: Wie Sie das Verhalten Ihres Kindes sofort verbessern können

Kinder ahmen oft das Verhalten nach, das sie beobachten, sei es von Ihnen, von anderen Erwachsenen in ihrem Umfeld oder von den Medien, die sie konsumieren. Solange Sie Ihr Kind konsequent zu angemessenem Verhalten anleiten, sei es durch Anweisungen, Vorleben, Korrekturen oder andere Methoden, wird Ihr Kind das richtige Verhalten schließlich verinnerlichen.

Es gibt ein paar Tipps, die Sie zu Ihrem Vorteil nutzen können, um Ihren Kindern gesunde Grenzen zu setzen.

https://pixabay.com/es/photos/adulto-madre-hija-playa-ni%c3%b1os-1807500/

Das Verhalten Ihres Kindes wird sich schneller verbessern, wenn Sie es für sein gutes Benehmen loben, anstatt es zu kritisieren und zu bestrafen, wenn es Ihre Geduld auf die Probe stellt. In diesem Kapitel geht es darum, was Sie tun können, um das Verhalten Ihres Kindes zu verbessern, einschließlich Grenzen setzen und was Sie in bestimmten Situationen vermeiden sollten.

Sie erfahren, wie Sie Grenzen setzen und die Gewohnheiten Ihres Kindes verbessern können. Außerdem nehmen wir Sie mit auf eine praktische Reise, auf der wir häufige Verhaltensweisen von Kindern erklären und wie Sie ihr Verhalten positiv beeinflussen können.

Wie Sie das Verhalten Ihres Kindes positiv beeinflussen können

Die Art und Weise, wie sich Ihr Kind verhält, kann viel über Ihre Einstellung und Persönlichkeit aussagen und darüber, ob Ihr Kind in einer geeigneten Umgebung aufwächst oder nicht.

Im Folgenden finden Sie einige Möglichkeiten, wie Sie das Verhalten Ihres Kindes positiv beeinflussen können:

Verleihen Sie Ihren Gefühlen Ausdruck

Kommunikation ist in allen Bereichen der Beziehung wichtig. Wann immer Ihr Kind etwas tut, ob drinnen oder draußen, ob gut oder schlecht, lassen Sie es wissen, wie Sie sich dabei fühlen. Wenn Sie Ihre Gefühle ignorieren, werden Ihre Kinder alles tun, ohne darüber nachzudenken: „Was werden meine Eltern dazu sagen?

Kinder sagen oft: *„Mein Vater hat gesagt...“* oder *„Meine Mutter hat zu mir gesagt...“*. Wenn Sie ihnen etwas sagen, bitten Sie sie, es zu wiederholen, um sicher zu gehen, dass sie es gehört haben, und sagen Sie ihnen, dass Sie sich freuen, wenn sie es tun.

Sprechen Sie Ihr Kind direkt an, indem Sie es mit „Ich“ oder mit dem Namen, den es Ihnen gegeben hat, ansprechen, damit es sich in Sie hineinversetzen und die Dinge aus Ihrer Sicht sehen kann. Zum Beispiel: „Mir gefällt nicht, wie du gejammert hast, als ich heute nein gesagt habe, nachdem ich dir den Grund dafür erklärt habe“, oder: „Mama wird wütend, wenn du deine Schuhe ausziehst“, oder: „Glaubst du, dass es Papa glücklich macht, wenn ihr euch streitet?“

Gehen Sie mit gutem Beispiel voran

Ihr Kind ahmt Ihr Verhalten wahrscheinlich mehr nach, als Sie denken. Sie sollten ihm ein Beispiel geben durch die Art wie Sie mit ihm kommunizieren und wie Sie mit anderen Menschen umgehen.

Alles, was Sie falsch machen, und sei es noch so unbedeutend, vermittelt Ihrem Kind eine Botschaft darüber, wie es sich in einer bestimmten Situation verhalten sollte. Die meisten Kinder prahlen gerne vor ihren Freunden und Klassenkameraden mit dem, was zu Hause vor sich geht, und verhalten sich beim Spielen entsprechend. Sie sind sich jedoch nicht bewusst, ob dies einen positiven Eindruck hinterlässt oder nicht.

Hüten Sie sich davor, Ihr Kind zu korrigieren und zu belehren und dann einfach wegzugehen. Ihr Kind wird Ihrem guten Beispiel folgen und sich an Ihnen orientieren.

Benutzen Sie zum Beispiel die magischen Worte „Bitte", „Entschuldigung", „Danke" und „Verzeihung" in allen notwendigen Situationen, und Sie werden sehen, dass Ihr Kind es Ihnen gleichtut. Wenn Sie diese Worte in ein Lied einbauen, kann es sie es sich besser merken.

Wenn Sie nicht wollen, dass Ihr Kind unhöflich und bestimmend wird, dann sollten Sie das selbst nicht tun, vor allem nicht in seiner Gegenwart, und immer höflich sprechen. Korrigieren Sie es immer, wenn es aus der Reihe tanzt, und es wird sich bereitwillig fügen, weil es Sie dabei beobachtet. Andernfalls wird es Sie für Ihr Verhalten tadeln.

Würdigen Sie die Bemühungen Ihres Kindes

Kinder sehnen sich nach Aufmerksamkeit und werden wahrscheinlich alles tun, um sie zu bekommen. Wenn sie Ihre Aufmerksamkeit nicht bekommen, wenn sie das Richtige tun, werden sie vielleicht versuchen, das Falsche zu tun, um zu sehen, wie Sie reagieren, und dann werden sie mit Sicherheit Ihre Aufmerksamkeit bekommen. Um dem entgegenzuwirken, sollten Sie ihre Bemühungen, Sie zu beeindrucken, anerkennen, auch wenn es sich nur um eine freundliche Routinehandlung handelt.

Wenn Ihr Kind Ihre Regeln befolgt, reagieren Sie positiv. Sie könnten zum Beispiel sagen: „Ich bin wirklich dankbar, dass du die Wäsche vor meiner Rückkehr gemacht hast. Du bist der Beste". Wenn Ihr Kind aus Versehen etwas getan hat, das Ihnen nicht gefällt, sagen Sie es ihm, aber lassen Sie es nicht im Stich.

Wenn das Kind beim Abwaschen einen Teller zerbrochen hat, ist es besser zu fragen: *„Hast du dir weh getan? Sei bitte das nächste Mal vorsichtiger. Du machst es mir leichter, wenn du den Abwasch machst, aber bitte sei vorsichtig"* anstatt zu sagen: *„Passt du nie auf, wenn du etwas tust?"*

Es wird die Korrektur gerne annehmen, wenn Sie sagen: *„Mir ist aufgefallen, dass du immer hinter dir aufräumst. Gut gemacht"*, und wenn Ihr Kind es einmal vergisst, können Sie sagen: *„Ich bin froh, dass du immer hinter dir aufräumst. Ich denke, das ist eine gute Angewohnheit, die du beibehalten solltest."*

Wenn Sie sie nicht loben und dann fragen: *„Warum hast du nicht hinter dir aufgeräumt?"*, antworten sie vielleicht nicht und räumen trotzdem auf, oder sie sagen: *„Das habe ich schon immer gemacht. Du hast es nur nicht bemerkt."*

Seien Sie standhaft

Seien Sie sich Ihrer Worte sicher, bevor Sie sie aussprechen. Vielleicht haben Sie Ihre Meinung geändert, obwohl Sie sich sicher waren. Informieren Sie Ihr Kind sofort und erklären Sie ihm, warum. Stehen Sie immer zu Ihrem Wort und machen Sie keine Versprechungen, die Sie nicht halten können.

Verdeutlichen Sie Ihre Sprache, indem Sie Ihr Ja als Ja und Ihr Nein als Nein verstehen. Wenn Sie Ihr Wort oder eine strenge Regel nicht brechen, zeigen Sie Ihrem Kind, dass Sie ernst meinen, was Sie sagen. Sagen Sie Nein, wenn Sie wissen, dass es für alle Beteiligten von Vorteil ist. Versuchen Sie, Ihrem Kind immer die Wahrheit zu sagen, und rechtfertigen Sie eine Lüge nicht mit *„Ich habe nur Spaß gemacht"*, wenn die Wahrheit ans Licht kommt.

Wenn Sie etwas deutlich gesagt haben und Ihr Kind nicht darauf zu hören scheint, fragen Sie es direkt: *„Was habe ich dazu gesagt?"* (Dies sollte keine rhetorische Frage sein). Sie können Ihrem Kind zum Beispiel sagen, dass es sein Handy weglegen und Ihnen helfen soll und dass Sie es ihm vorübergehend wegnehmen werden, wenn Sie es noch einmal rufen müssen.

Wenn Sie es dann doch noch einmal rufen müssen, machen Sie Ihre Drohung wahr. Handeln Sie sofort. Äußern Sie konstruktive Kritik liebevoll. Machen Sie Ihre Regeln immer wieder deutlich und erinnern Sie an die Konsequenzen, wenn sie gebrochen werden.

Enttäuschungen zulassen

Niemand ist perfekt, am wenigsten ein Kind. Kinder neigen von Natur aus dazu, Fehler zu machen. Sie sind naiv und leicht beeinflussbar und verlieren manchmal den Sinn für sich selbst. Gehen Sie behutsam und geduldig mit ihnen um und ermutigen Sie sie immer wieder, wenn sie Fortschritte beim Lernen machen.

Wie reagieren Sie, wenn Ihr Kind das Essen eines Fremden isst oder bei anderen Kindern bettelt? Wenn Ihr Kind bockig ist, können Sie ruhig mit ihm reden oder es leicht zurechtweisen, aber Sie sollten es niemals beschimpfen oder lächerlich machen. Das verärgert es. Enttäuschungen können jederzeit auftreten, und Sie fühlen sich vielleicht verpflichtet, Ihren Kindern eine Lektion fürs Leben zu erteilen, und vergessen dabei, dass sie sich noch entwickeln und Zeit brauchen, um sich anzupassen.

Tun Sie Ihr Bestes, um Ihre Kinder glücklich zu machen, indem Sie ihnen das Nötige geben, um sie von einem solchen Verhalten abzuhalten, und erklären Sie ihnen, warum sie bestimmte Dinge nicht haben können. Versichern Sie ihnen, dass Sie ihre Eltern sind und dass sie keine Angst haben müssen, Sie um etwas zu bitten. Versprechen Sie aber nicht, dass Sie ihnen immer alles geben werden.

Bringen Sie ihnen bei, mit dem zufrieden zu sein, was sie haben, und zu erkennen, dass nicht alles, was sie sich wünschen, notwendig ist.

Erlauben Sie Ihrem Kind, sich frei zu äußern

Geben Sie Ihrem Kind Raum, um mit Ihnen zu sprechen, und zeigen Sie ihm gleichzeitig, dass Sie auf seine Äußerungen achten. Hören Sie zu und beteiligen Sie sich an den Gesprächen, indem Sie raten, was als Nächstes passieren wird.

Wenn Ihr Kind zum Beispiel von seinen Erlebnissen in der Schule erzählt und an den Punkt kommt, an dem es den Lehrer um Erlaubnis fragen muss, werfen Sie ein, was Sie von Ihrem Kind erwartet haben. Ihr Kind wird Ihre Erwartung zur Kenntnis nehmen.

Erlauben Sie Ihrem Kind, sich frei zu äußern.
https://unsplash.com/photos/YLMs82LF6FY

Sie können etwas sagen wie: *„Lass mich raten, du hast höflich die Hand gehoben und gesagt: „Ich muss mal,",* und dabei gelächelt. Wenn das Kind lacht oder sagt: *„Nein, Mama, ich habe nur die Hand gehoben",* können Sie etwas sagen wie: *„Wenn du das nächste Mal gehen willst, ist es besser, wenn du höflich sagst, was du tun willst, okay?"*

Achten Sie darauf, dass Ihr Kind Ihnen antwortet. Dies fördert eine Atmosphäre, in der es sich sicher fühlt, seine Gedanken und Gefühle mitzuteilen und gleichzeitig offen für neue Ideen und Vorschläge zu sein.

Es zeigt, dass Sie bereit sind, ihm zuzuhören, es zu respektieren und ihm ein gutes Gefühl zu geben. Vielleicht fühlt es sich besser, nachdem es mit Ihnen über seine Probleme gesprochen hat.

Bauen Sie eine enge Verbindung auf

Wenn Sie eine Umgebung schaffen, in der sich Ihre Kinder wohl fühlen und mit Ihnen offen über alles reden können, was sie beschäftigt oder was in ihrem Leben vor sich geht, ist es sehr einfach, ihr Verhalten zu beeinflussen.

Auf die Frage, wer ihre besten Freunde sind, nennen viele Kinder einen oder beide Elternteile. Sie werden immer alles tun, um Ihre Zufriedenheit mit ihnen zu erhalten.

Wenn Sie eine enge Beziehung zu den Kindern aufbauen, können Sie sich leicht in ihre Gefühle hineinversetzen, an ihren Entscheidungen teilhaben und ihre Gedanken beeinflussen. Sie werden wissen wollen, was Sie gut finden und was nicht.

Entfremden Sie sie nicht, indem Sie sich ständig über sie lustig machen. Ihre Kinder werden beleidigt sein, wenn Sie das tun, auch wenn sie es nicht sagen, um nicht unhöflich zu sein oder Ihre Gefühle zu verletzen.

Sie müssen sie nicht zwingen, Sie zu beobachten, um ihr Verhalten zu verbessern, denn sie werden Dinge in Ihrem Sinne tun, wenn Sie ihre Aufmerksamkeit haben. Manche Kinder werden sagen: *„Warte, bis ich meiner Mutter erzähle, was du getan hast"* oder *„Ich werde meinem Vater auf jeden Fall erzählen, was du getan hast"*.

Schränken Sie Ihre Beziehungen ein

Die Freunde und Menschen, mit denen Sie sich umgeben, prägen Ihren Charakter und die Art und Weise, wie Sie mit anderen umgehen, auch mit Ihrem Kind. Ihre Kinder können von Ihren Freunden lernen und sie nachahmen, mit oder ohne Ihr Wissen.

Bringen Sie ihnen bei, wie wichtig es ist, ein positives soziales Umfeld zu pflegen und sich mit produktiven Einflüssen zu umgeben. Sorgen Sie dafür, dass sie geeignete Spielkameraden haben und nehmen Sie sie zu geeigneten Veranstaltungen mit.

Erklären Sie ihnen, dass es viel bringt, sich zu entschuldigen, und dass es wichtiger ist, Beziehungen zu pflegen, als Recht zu haben. Erklären Sie ihnen, dass es in ihrer Verantwortung liegt, stets gesunde Beziehungen zu pflegen, nicht durch Zwang, sondern durch Offenheit und Ehrlichkeit.

Setzen Sie Grenzen

Die einfachste Art, Grenzen zu setzen, ist, „Familienregeln" aufzustellen, an die sich alle halten müssen. Machen Sie Ihre Anweisungen klar und einfach, damit es keine Ausreden gibt, wenn sie nicht befolgt werden. Sie sollten Ihre Kinder für ihre Handlungen zur Verantwortung ziehen, indem Sie sie beim ersten Verstoß verwarnen, ihnen die Konsequenzen beim zweiten Verstoß genau erklären und sie ihre Zustimmung geben lassen.

Sie können ihnen zum Beispiel einen bestimmten Geldbetrag für einen bestimmten Zeitraum geben, mit dem Versprechen, diesen Betrag zu erhöhen, wenn sie sich in diesem Zeitraum an die Regeln halten. Wenn sie das tun, halten Sie Ihr Wort und erhöhen den Betrag. Wenn sie es nicht tun, müssen sie den Zeitraum ohne zusätzliche Belohnung abschließen.

Wenn Sie dies tun, lernt Ihr Kind, Ihnen zu vertrauen und Sie zu respektieren. Es weiß, dass der Versuch, Sie umzustimmen zwecklos ist, weil dies Konsequenzen haben wird, und es weiß, dass Sie es nicht enttäuschen werden, wenn Sie ihm etwas versprechen.

Gründe, warum Grenzen gemanagt werden sollten

Obwohl es nicht angemessen ist, einem Kind die gleichen Rechte wie einem Erwachsenen zuzugestehen, stellen manche Eltern die Gefühle ihres Kindes über ihre eigenen. Die meisten Eltern erlauben ihren Kindern, ihre Gefühle einzusetzen, um zu bekommen, was sie wollen, anstatt ihrem Verhalten Grenzen zu setzen.

Einige der Gründe, warum es wichtig ist, in der Familie Grenzen zu setzen, sind folgende:

Rechte und Narzissmus begrenzen

Aus Liebe zu ihren Kindern lassen Eltern manchmal zu, dass die Wünsche und Gefühle ihrer Kinder über ihre Anweisungen gestellt werden. Ihnen Grenzen zu setzen bedeutet nicht, dass man sie weniger liebt, sondern dass sie reifer und geduldiger werden und verstehen, dass sich die Welt nicht um sie dreht.

Wenn Ihr Kind mit der Gewissheit aufwächst, dass seine Eltern seiner Freiheit und Unabhängigkeit vernünftige Grenzen setzen, ist es weniger gefährdet, narzisstische Tendenzen zu entwickeln, und besser gerüstet, die unvermeidlichen Herausforderungen des Lebens zu meistern.

Durch das Setzen von Grenzen kann Ihr Kind lernen, Mitgefühl für diejenigen zu empfinden, denen es weniger gut geht.

Grenzen als Lernplattform setzen

Wir können nur besser werden, wenn wir Neues ausprobieren und das, was wir bereits gelernt haben, beherrschen. Es ist ein positiver und gesunder Gedanke, wenn Eltern daran denken, dass ihr Kind flexible Fähigkeiten braucht, um in der Welt erfolgreich zu sein.

Es ist wichtig, den Kindern zu vermitteln, dass sie eines Tages für sich selbst verantwortlich sein werden. Dies wird ihnen helfen, sich auf die

Zukunft vorzubereiten und ihr Leben leichter zu machen.

Sie sollten sich auch darüber im Klaren sein, dass ihre Eltern nicht immer für sie da sein werden, um ihre Probleme und Schwierigkeiten zu lösen, und dass sie lernen müssen, sich an veränderte Umstände anzupassen.

Grenzen setzen, um sich sicher zu fühlen

Unabhängig davon, welche Grenzen gesetzt werden, sollten Sie Ihren Kindern Raum für Verhandlungen lassen. Sonst sind sie wirkungslos. Routinen und Familienregeln wie Schlafenszeiten, Bildschirmzeiten, gemeinsame Aufgaben, Essenszeiten usw. werden die Zweifel und Zwänge Ihres Kindes verringern.

Auch wenn Ihre Kinder ihre Gefühle äußern, sollten Sie diese nicht gegen ihre Sicherheit eintauschen. Grenzen zu setzen bedeutet nicht, ein schlechter Elternteil zu sein, auch wenn Ihr Kind Sie manchmal beschuldigt, unfair zu sein, weil Sie Grenzen setzen.

Eltern zu sein, sollte Grund genug sein, Grenzen zu setzen, ruhig aber bestimmt, um das Sicherheitsgefühl Ihres Kindes zu stärken.

Schutz vor physischen und seelischen Schäden

Unsere oberste Pflicht als Eltern ist es, unsere Kinder vor körperlichem und seelischem Schaden zu bewahren. Grenzen werden gesetzt, um zu schützen, nicht um zu kontrollieren. Erklären Sie, warum Sie Grenzen setzen, um Klarheit zu schaffen.

Ausgrenzung führt bei Kindern zu emotionalem Missbrauch. Setzen Sie frühzeitig Grenzen, um Schaden zu vermeiden, insbesondere durch Missverständnisse. Grenzen helfen Ihren Kindern zu wissen, wann sie etwas tun müssen.

Grenzen in der Erziehung

Es gibt Indikatoren dafür, wie gut Sie Grenzen setzen, wenn Sie ein Kind erziehen. Die meisten Kinder schätzen positive Anweisungen mehr als negative, weil sie sie ermutigen, positiv zu denken. Im Folgenden finden Sie einige notwendige Grenzen, die Sie in Ihrem Zuhause setzen können.

- Erledigen Sie keine Sachen für Ihre Kinder, die diese selbst erledigen können.

- Lassen Sie nicht zu, dass eine vorübergehende Stimmung Ihres Kindes Ihr Glück ruiniert.

- Behandeln Sie das Leben Ihres Kindes nicht wie Ihr eigenes, indem Sie es vollständig kontrollieren.
- Stellen Sie ihr Kind nicht ständig ins Rampenlicht.
- Geben Sie ihrem Kind nicht die vollständige Kontrolle über Ihr Zuhause.

Wie man gesunde Grenzen setzt

Die folgenden Tipps können Ihnen dabei helfen, beim Setzen von Grenzen nicht zu streng mit Ihrem Kind zu sein und das zu tun, was für Ihr Kind am besten ist. Dazu gehören:

- Seien Sie Ihrem Kind gegenüber nicht übermäßig streng.
- Seien Sie sich bewusst, warum Sie eine Grenze setzen müssen.
- Sprechen Sie darüber und halten Sie sie ein.
- Übernehmen Sie die Verantwortung für sich selbst.
- Respektieren Sie Ihre Grenzen und die der anderen.
- Kommunizieren Sie Konsequenzen für Grenzüberschreitungen.
- Bringen Sie Ihre Meinung zum Ausdruck.
- Lassen Sie die Auswirkung einer Überschreitung spürbar werden.
- Machen Sie sich keinen Stress.
- Seien Sie durchsetzungsfähig, ohne sich schuldig zu fühlen.
- Sagen Sie selbstbewusst „Nein".

Schwierige Szenarien

Wie reagieren Sie, wenn Ihre Grenzen verletzt werden, und was tun Sie dagegen? Betrachten Sie die folgenden Fallbeispiele:

- Ihre Kinder unterbrechen Ihr Gespräch mit anderen Erwachsenen, ohne zu versuchen, Ihre Aufmerksamkeit zu erregen oder sich höflich zu entschuldigen.
- Sie sind in einem Einkaufszentrum und Ihre Kinder drängen Sie immer wieder, ihnen ein Spielzeug zu kaufen. Schließlich sagen Sie „Nein", und sie fangen an zu weinen.
- Sie kommen von der Arbeit nach Hause und Ihre Kinder haben weder den Abwasch noch ihre Hausaufgaben gemacht.

Sie schimpfen mit ihnen, und sie werden böse.

Fragen

- Was machen Sie mit all den Emotionen, die Sie vielleicht erleben, wie zum Beispiel die Verlegenheit darüber, was andere über das Verhalten Ihres Kindes denken könnten?

- Werden Sie es in diesem Fall disziplinieren?

- Werden Sie ihm das Spielzeug geben? Was werden Sie sagen, um das Kind zum Aufhören zu bewegen?

- Werden Sie in der Lage sein, Ihre Wut auf das Kind zu kontrollieren und es dazu zu bringen, Ihren Willen zu befolgen, ohne es emotional zu verletzen?

Um das Verhalten Ihres Kindes zu verbessern, ist es wichtig, ihm Grenzen zu setzen, damit es keine aufgestauten Emotionen in sich trägt, die, wenn sie freigesetzt werden, Chaos verursachen können. So können Sie ohne Schuldgefühle „Ja" zu sich selbst und „Nein" zu Ihrem Kind sagen, wann immer es in Ihrem Interesse ist.

Es ist eine Methode, Ihrem Kind angemessenes Verhalten beizubringen. Wenn Sie Ihre Rolle und Ihren Status in Ihrer Familie und im Leben Ihres Kindes verstehen, wissen Sie, was von Ihnen erwartet wird und was Sie Ihrem Kind nicht abnehmen sollten.

Kapitel 7: Sieben psychologische Tricks für den Umgang mit negativen Freunden

In der heutigen Welt ist es normal, vielen negativen Dingen oder Umständen ausgesetzt zu sein. Aber wie geht man mit negativen Freunden um? Und wie kann man verhindern, dass sie einem ein schlechtes Gewissen machen? Die Antwort ist natürlich, Grenzen zu setzen. Jeder ist anfällig für Negativität, und die Art und Weise, wie wir darauf reagieren, bestimmt, wie sehr sie unser Leben beeinflusst. Im Folgenden werden wir uns damit beschäftigen, wie ein negativer Freund aussieht und wie wir im Umgang mit ihm gelassen bleiben können, damit er sich nicht negativ auf unser Leben auswirkt.

Wenn Sie Ihren Freunden gegenüber Grenzen setzen, stärkt das Ihre Bindung.

https://unsplash.com/photos/Cecb0_8Hx-o

Grenzen bei Freunden sind anders

Die Grenzen zu Freunden sind anders als zu Familienmitgliedern. Wenn Sie eine enge Beziehung zu jemandem haben, können die Grenzen zwischen dem, was akzeptabel ist, und dem, was nicht akzeptabel ist, fließend sein. Familienbande sind in der Regel bedingungsloser, während Freunde kommen und gehen.

Wenn ein Freund Sie bittet, etwas zu tun, das gegen Ihre Werte oder Überzeugungen verstößt, ist es leicht, dieser Bitte nachzukommen, ohne vorher darüber nachzudenken. Bei Familienmitgliedern sind die Grenzen des Respekts und des Vertrauens nicht so fließend. Menschen, die Ihnen nahestehen, merken vielleicht, wenn Sie wütend sind, und können versuchen, Ihnen zu helfen, mit Ihren Gefühlen umzugehen. Es kann aber auch sein, dass Ihre Freunde Ihnen eher helfen wollen, als dass sie Ihnen zuhören. Sie nehmen Ihre Gefühle vielleicht nicht ernst, was zu Verwirrung und Frustration auf beiden Seiten führen und Spannungen verursachen kann. Vergewissern Sie sich immer, dass die Grenzen zwischen Ihnen und Ihren Freunden klar sind, bevor Sie eine Bitte äußern, um spätere Missverständnisse zu vermeiden! Und wenn es sich um negative Freunde handelt, ist es noch wichtiger, Grenzen zu setzen.

Ist Ihr Freund negativ?

Wir alle haben es schon einmal erlebt. Ein Freund, den wir für einen guten Freund hielten, entpuppt sich als Gift und wir fragen uns, warum. Wie kann jemand, dem wir so sehr vertraut haben, das genaue Gegenteil sein? Man fühlt sich enttäuscht und verletzt – aber woher weiß man, ob es sich wirklich um einen schlechten Freund oder nur um einen negativen Menschen handelt?

Manche Freunde bereichern einen, andere sind schädlich für die eigene Entwicklung. Hier sind einige Arten von negativen Freunden, denen man Grenzen setzen sollte.

Der eifersüchtige Freund

Eifersucht ist ein weit verbreitetes Gefühl, das in jeder Art von Beziehung auftreten kann. Eifersüchtig kann jemand sein, der eine enge Beziehung zu einer anderen Person hat und eifersüchtig wird, wenn er sieht, dass diese Person erfolgreicher oder glücklicher ist als er. Wenn Ihr Freund eifersüchtig auf Ihren Erfolg ist oder Sie um Ihre Karriere beneidet, haben Sie es mit einem giftigen Freund zu tun. Eifersucht ist eine sehr unangenehme Sache, besonders wenn sie von jemandem kommt, von dem Sie dachten, er sei Ihr Freund. Wenn Ihr Freund ständig davon spricht, wie viel besser Sie sind als er, ist das ein Zeichen dafür, dass ihn etwas wirklich stört.

Der überkritische Freund

Ein überkritischer Freund ist jemand, der ständig etwas an Ihnen und Ihrem Verhalten auszusetzen hat, egal wie wichtig oder unwichtig das ist. Er ärgert sich vielleicht darüber, wie unordentlich Sie sind oder wie lange Sie brauchen, um sich morgens fertig zu machen. Selbst wenn man nichts falsch gemacht hat, hat er immer eine Meinung zu etwas, das man getan hat. Oft wollen überkritische Freunde damit nur die Aufmerksamkeit ihrer Mitmenschen erregen, ohne es selbst zu merken. Ein überkritischer Freund kann für alle, die täglich mit ihm zu tun haben, eine emotionale Belastung sein. Er kann viel von Ihrer Zeit und Energie in Anspruch nehmen, indem er Sie ständig kritisiert. Das kann zu dem Gefühl führen, nie gut genug zu sein. Es kann zu Ängsten und einem geringen Selbstwertgefühl führen, wenn alles, was man tut, in Frage gestellt wird.

Der selbstverliebte Freund

Manche Menschen sind von Natur aus gesprächiger als andere, aber wenn Ihr Freund oder Ihre Freundin nur über sich selbst redet, kann es schwierig sein, am Ball zu bleiben. Ein einseitiges Gespräch, bei dem Sie nur dasitzen und lächeln, während Ihr Freund Ihnen von seinem letzten Urlaub oder seiner letzten Beförderung erzählt, kann frustrierend und ermüdend sein. Ein egozentrischer Freund handelt nur im eigenen Interesse und kümmert sich nicht wirklich um das Wohlergehen des anderen. Egozentrische Freunde wissen, was sie wollen und kümmern sich mehr um sich selbst als um andere. Sie können eine echte Belastung für Beziehungen sein, weil sie sich nicht bemühen, anderen zu helfen, und kaum Verantwortung für ihre Handlungen übernehmen. Egozentrische Freunde prahlen gerne, geben anderen die Schuld und entschuldigen sich für ihre Handlungen. Sie neigen dazu, egoistisch zu sein, zu urteilen und unrealistische Erwartungen zu haben. Sie neigen auch dazu, oberflächlicher zu sein als andere.

Der lügende Freund

Ein Freund, der oft lügt, wird Ihnen immer Halbwahrheiten erzählen, auch wenn er weiß, dass Sie diese nicht hören wollen. Er macht Versprechungen, die er nicht halten kann, oder er bricht sein Wort, nachdem Sie ihm vertraut haben. Lügner erfinden auch Geschichten über Dinge, die nie passiert sind, um Sie dazu zu bringen, das zu tun oder zu denken, was Sie tun oder denken sollen. Einem Freund, der häufig lügt, kann man nicht vertrauen. Wenn sich herausstellt, dass er Sie anlügt, kann das auch Ihr Vertrauen in alle anderen Menschen zerstören. Solche Lügen sind meist ein Zeichen von Unsicherheit. Das kann zwar lästig sein, dennoch könnte er sich als ein wirklich guter Freund für Sie erweisen.

Der übergriffige Freund

Ein übergriffiger Freund ist jemand, der sich ständig in Ihr Leben einmischt. Er nutzt Ihre Großzügigkeit, Ihre Freundlichkeit und Ihren emotionalen Zustand aus. Übergriffige Freunde sind Opportunisten, die Sie zu ihrem eigenen Vorteil ausnutzen. Sie wollen vielleicht etwas von Ihnen, geben Ihnen aber wahrscheinlich nichts zurück. Oder sie wollen einfach nur in Ihrer Nähe sein. Sie haben vielleicht nicht die Absicht, Ihnen zu schaden, aber sie sind mehr daran interessiert, ihren Willen durchzusetzen, als Ihnen zu helfen, Ihre Ziele und Ambitionen zu erreichen. Das führt dazu, dass Sie Ihren Fokus verlieren und abgelenkt werden, weil sie immer versuchen, die Kontrolle über die Situation zu übernehmen. Wenn sie die Kontrolle übernehmen, tun sie dies meist auf destruktive Weise, was zu Frustration, Ärger und Groll führen kann. Das kann für Sie beide zu Problemen führen. Einerseits wird Ihre Freundschaft dadurch schwierig und angespannt. Andererseits macht es Sie anfällig für Ausbeutung oder andere Formen des Missbrauchs.

Der aufmerksamkeitsheischende Freund

Aufmerksamkeitssuchende Freunde sind diejenigen, die ständig nach Wegen suchen, um von ihren Freunden und ihrer Familie bemerkt zu werden. Sie werden oft negativ und übertreiben eine lustige Situation oder einen Witz, nur um aufzufallen. Es ist nichts Falsches daran, wenn man bemerkt werden möchte, aber wenn ein Freund sich ständig über Dinge beschwert und ständig versucht, Ihre Aufmerksamkeit zu erregen, kann das ziemlich nervig sein. Aufmerksame Freunde haben auch oft den Ruf, unzuverlässig zu sein, und nutzen ihr Verhalten, um auf sich aufmerksam zu machen, auf verschiedene Weise, zum Beispiel indem sie andere um Hilfe bitten, um Rat fragen oder weinen.

Freundschaft ist etwas Wunderbares und kann so kraftvoll sein, wenn sie richtig gepflegt wird. Sie kann aber auch etwas Negatives sein, wenn man toxische Freunde in seinem Leben hat. Es ist wichtig, diese negativen Freunde zu erkennen und sie entweder zur Rede zu stellen oder sich von ihnen zu distanzieren. Nur dann kann man sicher sein, dass man sich mit positiven Menschen umgibt, die es wirklich wert sind, „Freunde" genannt zu werden. Es gibt keinen einfachen Ausweg aus dem Umgang mit einem allzu kritischen Freund, aber es gibt einige Dinge, die man tun kann, um mit der Situation umzugehen. Grenzen setzen!

Sieben psychologische Tricks für den Umgang mit negativen Freunden

Wenn Sie feststellen, dass Sie negative Freunde in Ihrem Leben haben, ist das noch nicht das Ende der Welt. Vielleicht können Sie ihre Einstellung nicht ändern, aber es gibt einige psychologische Tricks, die Ihnen helfen können, mit ihnen umzugehen.

1. Seien Sie freundlich

Psychologen haben herausgefunden, dass das menschliche Gehirn dazu neigt, die negativen Aspekte des Lebens zu sehen. Wir sind so verdrahtet, dass wir uns auf das Bedrohliche konzentrieren. Sie nennen das den Negativitätsbias. Der Negativitätsbias ist die Tendenz des Menschen, negativen Erfahrungen mehr Aufmerksamkeit zu schenken als positiven. Er kann das menschliche Verhalten tiefgreifend beeinflussen, insbesondere in sozialen Situationen. Man kann sich entscheiden, die Welt mit pessimistischen oder optimistischen Augen zu sehen. Negativität kann zermürbend und ärgerlich sein, aber wenn Sie geduldig, freundlich und bereit sind, dieser Person zu helfen, die positiven Seiten des Lebens zu sehen, können Sie viel bewirken. Wenn sich jemand Ihnen gegenüber negativ verhält, bedeutet das, dass er etwas an Ihnen sieht, das ihm nicht gefällt. Und was dann? Sie können sich entweder beleidigt fühlen oder die Gelegenheit nutzen, um ihm zu zeigen, dass seine negative Einstellung unbegründet ist. Menschen sind kritisch, weil ihre Sicht auf die Welt durch frühere Erfahrungen, Traumata und Unsicherheiten geprägt ist. Das ist nichts Persönliches, sondern ein Spiegelbild der Person. Versuchen Sie, Fragen zu stellen, anstatt sich zu entschuldigen oder zu verteidigen, wenn jemand etwas Verletzendes oder Negatives über Sie sagt. Hören Sie zu, ohne zu urteilen, und versuchen Sie zu verstehen, woher der andere kommt, bevor Sie mit Ihrer eigenen Meinung antworten. Negative Menschen schätzen diejenigen, die freundlicher sind als sie selbst und die sie aufrichten, anstatt sie noch tiefer in die Dunkelheit zu stürzen.

2. Antworten Sie ruhig

Wenn sich Menschen um einen herum negativ verhalten, ist es oft schwer zu wissen, wie man darauf reagieren soll. Wenn sich jemand unhöflich oder herablassend verhält, ist es nur natürlich, dass man zurückschlagen möchte, um die Herausforderung anzunehmen. Wenn Sie aber auf die gleiche Weise reagieren, könnten Sie die Beherrschung verlieren und die Situation verschlimmern. Das Letzte, was Sie tun wollen, ist, Öl ins Feuer zu gießen, indem Sie sich auf einen hitzigen Streit mit Ihrem Freund einlassen. Versuchen Sie stattdessen, ruhig zu bleiben und sich darauf zu konzentrieren, was Ihr Freund sagt. Wenn Sie verstanden haben, was los ist, können Sie entscheiden, wie Sie am besten reagieren. Es gibt einige Möglichkeiten, wie Sie mit negativ eingestellten Freunden umgehen können. Achten Sie darauf, höfliche und respektvolle Worte zu verwenden, egal wie verärgert Sie sind.

- Zunächst können Sie versuchen, mit ihnen darüber zu sprechen, warum sie sich so fühlen, wie sie sich fühlen. So können Sie sich gegenseitig besser verstehen und hoffentlich eine positive Veränderung herbeiführen.

- Zweitens können Sie versuchen, Wege zu finden, wie Sie Ihrem Freund helfen können. Vielleicht können Sie ihn ermutigen oder ihm einfach zuhören, wenn er Unterstützung braucht.

- Schließlich können Sie es selbst in die Hand nehmen, positiver und unterstützender zu sein. Damit helfen Sie nicht nur sich selbst, sondern haben auch Einfluss auf Ihren Freund.

Sie können auch versuchen, sich in die andere Person hineinzuversetzen, bevor Sie antworten. Stellen Sie sich vor, wie sich die andere Person an Ihrer Stelle fühlen würde. Dies kann Ihnen helfen, Ihre Reaktion objektiver zu beurteilen und vielleicht sogar Ihre ursprüngliche Reaktion zu ändern. Indem Sie einen Schritt zurücktreten und sich in die andere Person hineinversetzen, können Sie verhindern, dass ein Streit eskaliert, der von Anfang an hätte vermieden werden können. Fördern Sie nicht die Negativität der anderen Person, indem Sie ihr widersprechen oder ihr in allem zustimmen, was sie sagt. Denn egal, wie sehr Sie sich streiten, die Person wird sich nicht ändern. Leben Sie Ihr Leben einfach so weiter, wie Sie es wollen.

3. Streiten Sie nicht mit Ihnen

Lassen Sie sich nicht auf einen Streit mit einem negativen Freund ein. Wenn Sie das tun, wird Ihr Freund Ihnen gegenüber wahrscheinlich noch negativer und aggressiver. Er wird nämlich versuchen, sich zu „beweisen" und zu zeigen, dass er Recht hat, indem er sich gegen das wehrt, was Sie sagen oder tun, um Sie schlecht aussehen zu lassen.

Es spielt keine Rolle, ob Sie Recht haben oder nicht. Es ist besser, das Gespräch ruhen zu lassen und sich nicht auf Negativität einzulassen. Auf diese Weise bleibt Ihr Freund ruhig und trägt nicht zur Negativität in Ihrem Leben bei. Sie können später immer noch mit ihm reden, wenn es ihm bessergeht. Wenn Sie sich für ein Gespräch mit Ihrem negativen Freund entscheiden, versuchen Sie, ruhig zu bleiben und sich auf das zu konzentrieren, worüber Sie sprechen wollen, anstatt sich selbst aufzuregen. Das ist besonders hilfreich, wenn Ihr Freund gestresst ist oder unter Druck steht. Und wenn er einen schlechten Tag hat und laut wird, atmen Sie tief durch und lassen Sie ihn sich beruhigen, bevor Sie antworten. Oder versuchen Sie, der Person zu helfen, sich zu entspannen, indem Sie zum Beispiel ins Kino gehen oder etwas trinken.

4. Vermeiden Sie die Auslöser

Vielleicht haben Sie einen Freund, der seine Arbeit hasst und sehr negativ wird, wenn er darüber spricht. Vielleicht interessiert er sich sehr für Politik und fängt an, über die negativen Seiten des Lebens zu reden, sobald das Thema aufkommt. Oder er hat eine sehr negative Einstellung zu sich selbst und wird selbstkritisch. Wenn Sie sich mit einem negativen Freund über leichte Themen unterhalten, vermeiden Sie das Gefühl, in die Defensive zu geraten. Sie können das Gespräch auf etwas lenken, das Sie glücklich macht oder über das Sie beide gerne reden. Wenn er Themen anspricht, die Sie nicht interessieren, reden Sie einfach über etwas anderes. Natürlich kann das bedeuten, dass Sie Gelegenheiten verpassen, Kontakte zu knüpfen, aber auf lange Sicht wird es sich lohnen. Eine andere Möglichkeit, mit einem negativen Freund im Gespräch umzugehen, besteht darin, das, was er sagt, nicht zu wörtlich zu nehmen. Egal wie wahr seine Worte erscheinen, wenn er negativ ist, übertreibt er wahrscheinlich. Wenn die Person in einem Zustand ständiger Negativität gefangen zu sein scheint, versuchen Sie, sich von ihr zu lösen, damit Sie ein positiveres Gespräch führen können. Und zu guter Letzt: Versuchen Sie, nicht zu persönlich zu werden und vermeiden Sie Themen, die die Person verunsichern könnten, wenn sie gerade eine schwierige Phase durchmacht.

5. Versetzen Sie sich in sie hinein

Es kann sehr schwierig sein, mit einem negativen Freund mitzufühlen, wenn er einen schlechten Tag hat oder mit einer bestimmten Situation zu kämpfen hat. Negative Freunde sind oft anstrengend und frustrierend, aber es kann auch sehr schmerzhaft sein, ihren Schmerz zu sehen. Deshalb fällt es uns oft schwer zu verstehen, was sie durchmachen. Wenn man sich in einen Freund einfühlt, kann man ihm helfen, seine Gefühle besser zu verstehen und hoffentlich sein Verhalten zu ändern. Einfühlungsvermögen bedeutet, die Gefühle, Perspektiven oder Situationen einer anderen Person zu verstehen, indem man seine eigenen Gefühle und Emotionen mit ihr teilt. Je nachdem, in welcher Beziehung Sie zu Ihrem Freund stehen, können Sie dies auf unterschiedliche Weise tun.

Es ist wichtig zu verstehen, dass das Verhalten eines negativen Freundes stark von seiner Erziehung und seinen früheren Erfahrungen beeinflusst wird. Wenn Sie wissen, wie Ihr negativer Freund aufgewachsen ist oder welche Ereignisse in seinem Leben stattgefunden haben, können Sie sich besser in ihn hineinversetzen. Wenn er zum Beispiel als Kind gehänselt wurde, können Sie versuchen zu verstehen, wie er sich fühlt, wenn er von anderen gehänselt wird. Sie sollten auch mitfühlen, wenn Sie sich in der Person, mit der Sie mitfühlen, wiedererkennen oder ähnliche Werte oder Überzeugungen teilen. Wenn Sie beispielsweise eng mit jemandem befreundet sind, der mit Depressionen zu kämpfen hat, können Sie sich aufgrund der gemeinsamen Erfahrung leichter in diese Person einfühlen. Ähnlich verhält es sich, wenn Ihr Freund mit Beziehungsproblemen zu kämpfen hat. Sie können versuchen, sich vorzustellen, wie Sie sich in einer solchen Situation fühlen würden. Indem Sie sich auf einer emotionalen Ebene in Ihren negativen Freund hineinversetzen, können Sie dazu beitragen, sein Verhalten zu ändern und Ihre Beziehung zu ihm zu verbessern. Vielleicht können Sie Ihrem Freund auch helfen zu erkennen, dass seine Handlungen eine Rolle spielen und dass er nicht so hart mit sich selbst ins Gericht gehen muss, um sein Verhalten zu ändern.

6. Zeigen Sie eine verantwortungsbewusste Reaktion

Es ist leicht, negativ auf einen Freund zu reagieren, besonders wenn die Freundschaft getrübt ist. Um eine negative Reaktion zu vermeiden, ist es am besten, einen Schritt zurückzutreten und das eigene Verhalten zu beobachten. Wenn man sich die Zeit nimmt, die Situation zu analysieren, ist es weniger wahrscheinlich, dass man wütend oder verärgert wird. Wenn Sie sich die Zeit nehmen, um zu verstehen, wie Sie sich fühlen und warum Sie klügere Entscheidungen treffen können, sind Sie auch besser gerüstet, um mit auftretenden Problemen umzugehen.

- Wenn Sie sich von der Situation überfordert fühlen, sollten Sie sich zunächst Zeit nehmen, um sich zu beruhigen und zu überlegen, wie Sie reagieren wollen. Wenn es möglich ist, ist es vielleicht am besten, Zeit allein zu verbringen, damit Sie überlegen können, wie Sie die Situation am besten angehen.

- Es ist auch wichtig, dass Sie sich nicht in einen Streit mit Ihrem Freund verwickeln lassen. Denken Sie daran, dass es sich um einen Freund oder eine Freundin handelt, der oder die vielleicht gerade einen schlechten Tag hat. Versuchen Sie, Mitgefühl zu zeigen, und denken Sie daran, dass jeder gute und schlechte Tage hat.

Schließlich sollten Sie daran denken, dass jeder Mensch Fehler macht und Momente der Schwäche hat. Sie sollten sie nicht für diese Momente verurteilen, sondern sie als Teil ihrer Persönlichkeit akzeptieren.

7. Ignorieren Sie Kommentare

Ein negativer Freund kann einem den Tag verderben, vor allem, wenn man viel Zeit mit dieser Person verbringt. Es gibt keinen Grund, sich aufzuregen, wenn er eine negative Meinung hat. Wenn Sie das Gefühl haben, dass er gemein zu Ihnen ist, ignorieren Sie ihn. Reagieren Sie nicht darauf und machen Sie einfach mit Ihrem Tag weiter. Wahrscheinlich wird er die Botschaft verstehen und aufhören, Sie damit zu belästigen.

Manchmal ist es jedoch besser, auf negative Kommentare mit Freundlichkeit und einer positiven Einstellung zu reagieren. Wenn sich jemand negativ über Sie und andere äußert, sollten Sie sich selbst und andere, die von den Äußerungen betroffen sind, verteidigen. Denken Sie vor allem daran, dass jeder das Recht auf seine eigene Meinung hat. Nehmen Sie es nicht persönlich und versuchen Sie herauszufinden, was die Person meint. Wenn Sie das Gefühl haben, antworten zu müssen, sollten Sie immer respektvoll sein. Seien Sie nicht wütend oder defensiv. Ihr Ziel ist es, positiv und freundlich zu sein, und das wird sich in Ihrer Interaktion mit anderen widerspiegeln. Egal, wie unangenehm es ist, Sie müssen der Person zeigen, dass ihre Meinung nicht den Tatsachen entspricht – und dass sie aufhören sollte, falsche Informationen zu verbreiten. Wenn das nicht funktioniert, ist es vielleicht an der Zeit, eine Pause einzulegen oder sogar die Freundschaft zu beenden.

Szenarien und Lösungen für den Umgang mit negativen Freunden

Denken Sie daran, dass eine negative Einstellung ansteckend sein kann. Wenn Sie in der Nähe Ihres negativen Freundes nicht aufpassen, werden Sie von seiner Denkweise angesteckt. Wenn Sie die oben genannten Grenzen nicht einhalten, werden Sie zu genau der Person, deren Verhalten Sie ursprünglich gestört hat.

Nehmen Sie sich einen Moment Zeit, um darüber nachzudenken. Wenn einer der folgenden Punkte auf Sie zutrifft, sollten Sie sich überlegen, wie Sie mit Ihrem negativen Freund umgehen können.

1. Fällt es Ihnen schwer, sich nach einem Treffen mit ihm zu beruhigen?

   JA / NEIN

   Ja? Dann begrenzen Sie die Zeit, die Sie mit ihm verbringen. Oder, wenn die Dinge beginnen, negativ zu werden, finden Sie eine Entschuldigung, um zu gehen.

2. Wenn Sie daran denken, ihn zu sehen, empfinden Sie dann ein starkes Unbehagen?

   JA / NEIN

   Ja? Dann heben Sie nicht ab, wenn er anruft, oder zögern Sie Ihre Antwort hinaus, wenn er Ihnen eine SMS schickt.

3. Verhalten Sie sich in ihrer Gegenwart in einer Weise, die Ihren Werten widerspricht?

   JA / NEIN

   Ja? Versuchen Sie, negativ aufgeladene Gespräche von Dingen wegzulenken, von denen Sie wissen, dass sie sich darüber beschweren werden.

4. Haben Sie versucht, mit ihnen über ihr negatives Verhalten zu sprechen?

   JA / NEIN

Ja? Nehmen Sie sich die Zeit, sich selbst an die erste Stelle zu setzen. Wenn sie sich weigern, sich zu ändern, dann liegt der nächste Schritt bei Ihnen.

Nein? Dann nutzen Sie die Tipps in diesem Buch, um mit einer offenen und ehrlichen Haltung auf Ihren Freund zuzugehen und ihm genau zu erklären, was Sie stört. Er weiß vielleicht nicht einmal, dass er negativ ist, bis es ihm jemand sagt.

Wenn Sie Schwierigkeiten haben, mit einem Freund umzugehen, der ständig negativ ist, oder wenn Sie selbst negativ sind, kann es verlockend sein, zu Sarkasmus und bissigen Kommentaren zu greifen, damit sich die andere Person schlecht fühlt. Damit verstärken Sie aber nur die Negativität des anderen und verschlimmern Ihre eigene Situation. Versuchen Sie stattdessen, mit der anderen Person zu reden und ihr zuzuhören. Das stärkt die Beziehung zwischen Ihnen und der Person und kann sogar dazu beitragen, dass sie ihre Einstellung ändert. Und wenn sie nicht anfängt, positiv zu sein, hören Sie nicht auf, positiv zu sein! Wenn ein Freund oder eine Freundin sich ständig negativ äußert, kann das bedeuten, dass er oder sie ein persönliches Problem hat, bei dem Sie helfen können. Seien Sie geduldig und denken Sie daran, dass es für jede Situation einen Ausweg gibt.

Kapitel 8: Wie man eine Beförderung bekommt, ohne anderen ständig gefällig zu sein

Viele Menschen tappen in die Falle, zu allem „Ja" zu sagen, auch wenn es ihr eigenes Glück und Wohlbefinden gefährdet. Sie versuchen alles, um bei ihren Kollegen und Vorgesetzten beliebt zu sein. Leider glauben viele Menschen, dass sie nur dann befördert werden und aufsteigen können, wenn sie es den Leuten recht machen.

Nach der Lektüre dieses Kapitels werden Sie wissen, wie Gefälligkeiten Ihrer beruflichen Karriere schaden können und wie sie Ihnen bei der Beförderung nicht helfen. Sie finden eine Schritt-für-Schritt-Anleitung, wie Sie aufhören können, zu entgegenkommend zu sein, und wie Sie Ihr Selbstvertrauen stärken können, während Sie gleichzeitig Ihre Grenzen stärken. Schließlich finden Sie eine Selbsteinschätzung, mit der Sie herausfinden können, ob Sie jemand sind, der sich beliebt machen will, sowie einige Szenarien und deren Lösungen.

Zu lernen, wie man bei der Arbeit vorankommt, ohne anderen gefällig zu sein, ist eine wichtige Fähigkeit.

https://unsplash.com/photos/eF7HN40WbAQ

Warum es Ihrer beruflichen Karriere schaden kann, anderen gefällig zu sein

Es gibt viele Menschen, die im beruflichen Umfeld gefällig sind und erwarten, dass man ihnen gefällig ist, und das scheint oft der beste Weg zu sein, Dinge zu erledigen und in der Karriere voranzukommen. Wir alle neigen von Natur aus dazu, Dinge für andere zu tun und uns vielleicht sogar beliebt zu machen, damit sie uns mögen. Was wir jedoch nicht wissen, ist, dass sich diese Gewohnheit im beruflichen (und außerberuflichen) Umfeld rächen kann.

Wenn man versucht, es anderen recht zu machen, verliert man sich selbst aus den Augen. Man wird von ihren Wünschen und Bedürfnissen vereinnahmt und versucht, sie zu befriedigen, auch wenn das bedeutet, sein eigenes Glück aufs Spiel zu setzen. Ein Teil von Ihnen wird immer wissen, dass Sie niemanden zwingen können, Sie zu mögen, und Sie werden das Bedürfnis haben, noch mehr zu tun. Wenn Ihr Chef schlechte Absichten hat, wird er Sie wahrscheinlich ausnutzen und überlasten, ohne dass er die Absicht hat, Sie für Ihre harte Arbeit zu belohnen. Am Ende verlieren Sie völlig den Kontakt zu sich selbst und Ihren Orientierungssinn.

Menschen, die sich beliebt machen wollen, vergleichen sich in der Regel mit anderen. Sie sind selten zufrieden mit dem, was sie erreicht haben, weil sie sich zerreißen, wenn sie sehen, dass ihre Kollegen mehr erreicht haben. Sie überzeugen sich selbst davon, dass sie kleiner sind als ihre Kollegen (Minderwertigkeitskomplex), was den Teufelskreis verstärkt und sie noch weiter von ihren Zielen entfernt.

Wenn Sie es anderen recht machen wollen, müssen Sie zu allem „Ja" sagen, was von Ihnen verlangt wird. Das kann sehr belastend und überfordernd sein und Ihre Fähigkeit, Ihre Arbeit zu erledigen, beeinträchtigen. Es bleibt wenig Raum für Selbstverbesserung oder gar Selbstfürsorge.

Abgesehen von den psychischen und physischen Auswirkungen, die das „Ja-Sagen" mit sich bringt, kann es auch zu einem negativen Selbstwertgefühl führen, wenn man versucht, es allen recht zu machen. Sie stellen fest, dass Ihnen viele Menschen in Ihrem Leben auf der Nase herumtanzen, aber Sie können sich nicht dazu durchringen, „Nein" zu ihren Bitten zu sagen. Das kann dazu führen, dass Sie sich schwach und unzulänglich fühlen.

Warum Menschen, die sich beliebt machen wollen, nicht befördert werden

Wer es den anderen recht machen will, kann sich bei Kollegen und Vorgesetzten beliebt machen. Auf der Karriereleiter bringt Sie das aber nicht weiter. Bei der Auswahl von Bewerbern für Führungspositionen kommt es auf mehr an: Respekt, Zuverlässigkeit und Durchsetzungsvermögen.

Jeder hat gerne einen Mitarbeiter, der bereit ist, die Arbeit zu machen, ohne sich zu beschweren. Sie sind bereit, die Arbeit zu machen, die niemand sonst machen will, und das bringt Ihnen Sympathiepunkte ein, aber keinen Respekt. Wenn es bestimmte Aufgaben gibt, die niemand machen will, dann werden Sie sie wahrscheinlich auch nicht machen. Wenn Sie sich jedoch freiwillig melden oder sogar bereit sind, diese Aufgaben zusätzlich zu Ihren eigenen Verantwortlichkeiten zu übernehmen, können Sie als Schwächling dastehen. Als Führungskraft müssen Sie Aufgaben delegieren und sicherstellen, dass jeder seine Arbeit erledigt.

Wenn Sie nicht durchsetzungsfähig sind, werden Ihre Teammitglieder protestieren, wenn Sie ihnen Aufgaben zuweisen, die sie nicht erledigen wollen, und versuchen, Sie dazu zu überreden, die Aufgaben umzuverteilen oder einen Kollegen zu finden, der bereit ist, sie zu übernehmen. Als Führungskraft haben Sie keine Zeit, Dinge zu verschieben, um es allen recht zu machen, oder Aufgaben zu übernehmen, die niemand machen will. Wenn Sie dies tun, werden Ihre Teammitglieder es als selbstverständlich ansehen und es als Gelegenheit betrachten, sich bei der Arbeit auszuruhen. Mit anderen Worten: Sie werden Sie als Führungskraft nicht respektieren. Es ist auch keine Lösung, alle unerwünschten Aufgaben einer Person zu übertragen, die bereit ist, die ganze Arbeit zu machen. Die Überlastung eines Mitarbeiters ist kein Zeichen guter Führung und wird wahrscheinlich die Effizienz Ihrer Funktion oder der Abteilung verringern.

Allzu anpassungsfähige Menschen haben oft Angst, Fehler zu machen. Obwohl sie bereit sind, mehr zu leisten, als sie leisten können, verbringen sie mehr Zeit mit Aufgaben, als sie sollten. Sie haben Angst davor, Fehler zu machen, was dazu führen kann, dass sie sich zwanghaft bemühen, qualitativ hochwertige Arbeit zu leisten. Andere Menschen verstehen das nicht und glauben, dass Menschen, die sich wohl fühlen, nicht multitaskingfähig sind und mehrere Aufgaben gleichzeitig erledigen können. Vielleicht stellen Sie fest, dass einige Ihrer Kolleginnen und Kollegen weniger arbeiten als Sie und nicht so detailverliebt sind, aber Sie kommen trotzdem weiter. Es ist wichtig, gute Arbeit zu leisten, aber wenn Sie sehr pingelig sind, kann Sie das zurückwerfen und Ihr Zeitmanagement durcheinanderbringen. Die Arbeitszeit ist sehr begrenzt und Sie müssen darauf achten, wie Sie sie nutzen.

Menschen, die sich anpassen, reagieren nicht gut auf Kritik, auch wenn sie konstruktiv ist. Sie sehen darin ein Zeichen der Missbilligung, was sie dazu veranlasst, ihre Fähigkeiten in Frage zu stellen. Damit eine Person wachsen und sich entwickeln kann, muss negatives Feedback akzeptiert und daraus gelernt werden. Wenn andere merken, dass Kritik Sie stärker trifft als nötig, werden Sie sie als schwach wahrnehmen und auch so behandeln. Sie werden Ihnen konstruktives Feedback verweigern, selbst wenn Sie es brauchen, und Ihnen deshalb nicht zutrauen, mehr Verantwortung zu übernehmen.

Wenn Sie Angst vor Missbilligung haben, wird es Ihnen schwerfallen, unangenehm aufzufallen, selbst wenn die Situation es erfordert. Sie werden nicht eingreifen, wenn jemand Ihre Grenzen überschreitet oder

Sie nicht respektiert, was anderen den Eindruck vermittelt, dass sie Sie leicht ausnutzen können. Da Sie nicht unangenehm auffallen wollen, zögern Sie wahrscheinlich, Ihre Meinung zu äußern. Dadurch werden Sie von anderen als jemand eingeschätzt, der keine Überzeugungen hat und keine Entscheidungen treffen kann.

Jemand, der Angst vor Missbilligung hat, zögert vielleicht, negatives Feedback zu geben und inakzeptables Verhalten anzusprechen. Sie könnten auch zögern, unpopuläre Entscheidungen zu treffen, die Führungskräfte häufig treffen müssen.

Wie Sie damit aufhören, anderen gefällig zu sein

Anderen zu helfen und nette Dinge für sie zu tun, ist etwas, das wir alle anstreben sollten. Wir sollten jedoch wissen, dass wir damit aufhören müssen, wenn es auf Kosten unseres eigenen Komforts, unserer Selbstdarstellung, unserer Gefühle, unseres Respekts, unserer Grenzen und unseres Erfolgs geht. Glücklicherweise gibt es einige Dinge, die Sie tun können, um damit aufzuhören, es anderen recht machen zu wollen, während Sie gleichzeitig Ihr Selbstvertrauen, Ihr Glück und Ihre Produktivität steigern.

Schritt 1: Steigern Sie Ihr Selbstbewusstsein

Jede persönliche Veränderung erfordert eine Verbesserung der Selbstwahrnehmung. Sie müssen herausfinden, wie oft Sie dazu neigen, anderen zu gefallen, indem Sie zum Beispiel „Ja" zu Dingen sagen, die Sie nicht tun wollen. Schreiben Sie diese Fälle auf und überlegen Sie, was Sie stattdessen hätten tun können. Auf diese Weise können Sie lernen, in Zukunft besser mit solchen Situationen umzugehen.

Schritt 2: Setzen Sie klare Grenzen

Wenn Sie Ihr Bewusstsein schärfen, können Sie leichter erkennen, wo Ihre Grenzen liegen und wie Sie anderen erlauben, sie zu überschreiten. Schreiben Sie Ihre Grenzen in ein Tagebuch und erinnern Sie sich daran, wie es sich anfühlt, wenn jemand Ihre Grenzen missachtet. Dies wird Sie ermutigen, Ihre Grenzen anderen mitzuteilen und Maßnahmen zu ergreifen, wenn jemand sie überschreitet.

Schritt 3: Suchen Sie nach Unterstützung

Es kann sehr schwierig sein, sich davon zu befreien, anderen gefallen zu wollen. Sie müssen lernen, Ihre eigenen Bedürfnisse über die anderer zu stellen und zu akzeptieren, dass Sie nicht von jedem gemocht werden. Aus diesem Grund kann es von unschätzbarem Wert sein, einen Freund, einen Mentor, ein Familienmitglied oder sogar einen Kollegen an Ihrer Seite zu haben, der Sie unterstützt. Bitten Sie sie, Ihnen zu helfen, einen Aktionsplan zu entwickeln und auf Kurs zu bleiben.

Schritt 4: Machen Sie kleine Schritte

Es wird Ihnen sehr schwer fallen, plötzlich alle Anfragen abzulehnen. Auch wenn Sie eine starke Persönlichkeit haben, haben Sie sich vielleicht immer für einen netten und sympathischen Menschen gehalten. Dinge zu tun, die die Art und Weise beeinflussen, wie andere über Sie denken und wie Sie sich selbst wahrnehmen, kann zu einer Identitätskrise führen.

Es wird eine Weile dauern, bis Sie sich daran gewöhnt haben, „Nein" zu sagen, aber mit der Zeit wird es einfacher. Sie werden feststellen, dass das Gefühl der Befriedigung, das Sie früher dadurch empfanden, dass Sie gefällig waren, durch die Befriedigung ersetzt wird, das zu tun, was für Sie am besten ist. Beginnen Sie damit, „Nein" zu sagen, indem Sie eine SMS schreiben, denn das fällt Ihnen wahrscheinlich leichter, als wenn Sie es von Angesicht zu Angesicht tun müssen. Sie können sich auch flexible Antworten einfallen lassen, zum Beispiel „Ich würde gerne helfen, aber ich habe gerade viel um die Ohren" oder „Ich bin sicher, dass jemand anderes für diese Aufgabe besser geeignet ist als ich".

Schritt 5: Setzen Sie sich realistische Ziele

Vielleicht haben Sie das Gefühl, dass Sie Ihre gesamte Persönlichkeit von heute auf morgen ändern müssen. Denken Sie jedoch daran, dass dramatische Veränderungen nicht von Dauer sind. Solange Sie denken können, haben Sie versucht, anderen zu helfen, und es macht keinen Sinn, plötzlich einen großen Teil Ihrer Persönlichkeit über Bord zu werfen. Setzen Sie sich realistische Ziele, zum Beispiel alle zwei Wochen die Bitte eines Kollegen um Hilfe bei einem Projekt abzulehnen (wenn Sie wissen, dass er sie nicht braucht oder Sie die Aufgabe am Ende selbst erledigen werden). Versuchen Sie, in Besprechungen das Wort zu ergreifen und Ihre Meinung zu äußern, auch wenn sie sich von der Meinung der anderen unterscheidet.

Schritt 6: Suchen Sie sich Hilfe

Andere um Hilfe zu bitten, kann gegen Ihr Naturell verstoßen, immer die Person zu sein, die um Hilfe gebeten wird. Sie müssen erkennen, dass es kein Zeichen von Schwäche ist, gelegentlich um Hilfe zu bitten.

Fangen Sie an, andere um Hilfe zu bitten, auch wenn es nur bei kleinen Aufgaben ist.

Schritt 7: Vermeiden Sie Worte, mit denen Sie sich selbst herabsetzen

Sie müssen aufhören, Ihr gesamtes Selbstwertgefühl an Ihre Arbeit, Ihre Sympathie und Ihre Fähigkeit, anderen zu gefallen, zu knüpfen. Der erste Schritt, den Sie tun müssen, ist, mit dem selbstabwertenden Reden aufzuhören und Ihre Gefühle gegenüber sich selbst zu ändern. Am Anfang kann es unangenehm sein, sich selbst zu bestätigen. Sie werden jedoch feststellen, dass es eine gute Möglichkeit ist, Ihr Selbstvertrauen zu stärken.

Hier sind einige Ideen für Mantras, mit denen Sie sich selbst bestätigen können:

„Ich bin mir selbst treu. Ich werde nicht versuchen, anderen zu gefallen."

„Ich sage „Nein" zu allem, was sich für mich nicht richtig anfühlt. Ich bin nicht für das Glück anderer Menschen verantwortlich."

„Ich bin nur für meine Gefühle verantwortlich."

Schritt 8: Überlegen Sie einen Moment, bevor Sie reagieren

„Ja" zu sagen ist für Sie eine Selbstverständlichkeit, deshalb stimmen Sie immer wieder Dingen zu, die Sie später bereuen. Machen Sie es sich zur Gewohnheit, einen Moment innezuhalten, bevor Sie auf Anfragen anderer reagieren. Zögern Sie nicht zu sagen, dass Sie erst in Ihrem Kalender nachsehen müssen, bevor Sie antworten.

Schritt 9: Machen Sie keine Ausflüchte

Denken Sie daran, dass Sie keine Ausrede brauchen, um eine Bitte abzulehnen. Abgesehen davon, dass die Person wahrscheinlich ihre Worte ändern wird, um Sie davon zu überzeugen, das zu tun, was sie will, haben Sie das Recht, „Nein" zu etwas zu sagen, einfach, weil Sie es nicht tun wollen.

Schritt 10: Bleiben Sie sich selbst treu

Das Wichtigste ist, dass Sie niemals Ihre Werte, Ihre Überzeugungen und Ihre persönliche Zufriedenheit aufgeben, um anderen zu gefallen. Wenn Sie an dem festhalten, was Sie für richtig halten, werden Sie von anderen respektiert.

Selbstbeurteilung: Sind Sie jemand, der Menschen gefallen will?

Hier ist eine schnelle Selbsteinschätzung, die Ihnen helfen kann, herauszufinden, ob Sie Menschen gefallen wollen:

- Die Menschen nutzen Ihre Freundlichkeit oft aus.

- Sie sind verärgert, weil Menschen es nicht zu schätzen wissen, dass Sie Ihre Zeit damit verbringen, Dinge für sie zu tun.

- In Ihren Beziehungen geben Sie mehr, als Sie erhalten.

- Ihre Mitarbeiter sind nicht bereit, Ihnen zu helfen, aber sie kommen immer zu Ihnen, wenn sie Hilfe brauchen.

- Sie übernehmen mehr Arbeit, als Sie verkraften können, was dazu führt, dass Sie sich gestresst und ausgebrannt fühlen.

- Sie entschuldigen sich immer, auch wenn Sie nichts falsch gemacht haben.

- Ihre Freunde und Familie sind frustriert von Ihnen, weil Sie Ihre ganze Zeit mit Arbeit verbringen.

- Sie stimmen allem zu, was andere sagen, auch wenn Sie eigentlich anderer Meinung sind.

- Es fällt Ihnen schwer, „Nein" zu sagen oder andere abzuweisen.

- Sie sind sich in Gegenwart anderer nicht selbst treu.

- Kritik kann Sie an Ihren allgemeinen Fähigkeiten zweifeln lassen.

- Sie haben ein negatives Selbstbild und ein geringes Selbstwertgefühl.

- Der Gedanke, jemanden zu verärgern, macht Ihnen Angst.

- Es fällt Ihnen schwer, sich in Gegenwart anderer selbst treu zu bleiben.

- Sie wollen, dass jeder Sie mag.

Typische Szenarien und Lösungen

1. Ihr Kollege muss bis zum Ende des Tages ein Projekt abgeben, mit dem er noch nicht begonnen hat. Er bittet Sie, ihm zu helfen, aber Sie haben bereits Ihre eigenen Aufgaben zu erledigen. Würden Sie ihm sofort helfen?

Ja / Nein

Wenn Sie dies bejaht haben, wusste Ihr Kollege wahrscheinlich schon vorher, wann sein Projekt fällig war, und hat es versäumt, seine Zeit effektiv einzuteilen. Sie sollten ihm erklären, dass Sie Ihre eigenen Aufgaben zu erledigen haben, da Sie wahrscheinlich auch einen engen Zeitplan haben. Sie sollten ihm nur dann helfen, wenn Sie die Zeit haben, nachdem Sie Ihre eigenen Aufgaben erledigt haben.

2. Sie sitzen in einer Besprechung, in der es um die Einführung eines neuen Produkts geht. Alle sind der Meinung, man solle es jetzt auf den Markt bringen, aber Sie sind der Meinung, man solle bis Weihnachten warten, wenn die Verkaufszahlen hoch sind. Ihr Chef lässt darüber abstimmen. Entscheiden Sie sich

   den anderen zuzustimmen / den anderen Ihre Auffassung mitzuteilen?

   Wenn Sie allen anderen zustimmen würden, versuchen Sie sich darin zu üben, Ihre Meinung zu äußern, auch wenn sie anders ist als die der anderen. Sie werden überrascht sein, wie oft Ihre Ideen berücksichtigt werden. Auch wenn das nicht der Fall ist, sollten Sie sich nicht schlecht fühlen, denn das macht Sie nicht weniger kompetent.

3. Ihr Chef kommt zu Ihnen und sagt: „Mir ist aufgefallen, dass Sie sich in letzter Zeit nicht an die Leitlinien gehalten haben. Bitte lesen Sie den Leitfaden, bevor Sie mit der Arbeit an Ihren Projekten beginnen, um sicherzustellen, dass Sie nichts übersehen haben. Ich erkläre Ihnen gerne alles, was Sie nicht verstehen." Lässt Sie dieses Feedback an Ihren Fähigkeiten und Ihrer Kompetenz zweifeln?

   Ja / Nein

   Wenn Sie das bejaht haben, sollten Sie sich daran erinnern, dass jeder Mensch Fehler macht und dass Sie deshalb nicht weniger kompetent oder intelligent sind. Sie können nicht Ihr gesamtes Selbstwertgefühl auf Ihre Arbeit stützen, da diese sehr unterschiedlich sein kann. Sie sollten auf Ihre Fähigkeiten vertrauen und trotzdem ein hohes Maß an Selbstvertrauen bewahren.

Nach der Lektüre dieses Kapitels sind Sie bereit, Ihr authentisches Selbst zum Ausdruck zu bringen und sich nicht länger mit dem

Bedürfnis zu quälen, von anderen gemocht zu werden. Im nächsten Kapitel erfahren Sie mehr über häufige Fehler, die Menschen machen, wenn sie Grenzen setzen, und wie Sie diese Fehler vermeiden können.

Kapitel 9: Zehn Fehler, die Sie unecht erscheinen lassen

Selbstoptimierung ist eine Reise, die nie endet. Jeden Tag stehen wir vor neuen Herausforderungen und haben die Chance, uns weiterzuentwickeln. So wichtig es ist, die eigene Komfortzone zu verlassen, so wichtig ist es auch, Grenzen zu setzen und diese einzuhalten. Denn persönliche Grenzen helfen uns zu definieren, wer wir sind und womit wir uns wohlfühlen.

Doch so wie es einen schmalen Grat zwischen Selbstoptimierung und Selbstfürsorge gibt, so gibt es auch einen schmalen Grat zwischen gesunder Grenzziehung und Grenzüberschreitung. Oft sind wir so darauf bedacht, unsere persönlichen Grenzen zu definieren, dass wir uns dabei selbst schaden. Nehmen wir zum Beispiel an, Sie sind ein introvertierter Mensch, der daran arbeitet, kontaktfreudiger zu werden. In Ihrem Bestreben, kontaktfreudiger zu werden, sagen Sie vielleicht zu jeder Einladung „Ja" – auch wenn das bedeutet, dass Sie ständig erschöpft und überfordert sind. Oder Sie halten seit Monaten eine Diät, um abzunehmen, sind aber bei der Auswahl der Lebensmittel so restriktiv, dass Sie mehr schaden als nützen. In beiden Fällen ist der Einzelne so darauf konzentriert, seine Grenzen zu erweitern, dass er vergisst, seine eigenen Grenzen zu respektieren. Die Folgen sind Erschöpfung, Groll und Unzufriedenheit.

Grenzen zu setzen, ermöglicht es Ihnen, Ihr wahres Ich zu sein.
https://unsplash.com/photos/xpnRRH6z2NA

Es kann beängstigend sein, persönliche Grenzen zu setzen und einzuhalten. Es erfordert Selbstvertrauen, und es kann eine harte Pille sein, die wir schlucken müssen. Es ist jedoch wichtig, sich daran zu erinnern, dass persönliche Grenzen aus einem bestimmten Grund da sind: um uns körperlich und emotional gesund und sicher zu halten. In diesem Sinne hier vier Fehler, die man machen kann, wenn es um persönliche Grenzen geht, und einige Tipps, wie man sie vermeiden kann.

Häufige Fehler beim Setzen von Grenzen

1. Den Grenzen alles unterordnen

Jeder hat seine eigenen Grenzen, und wenn wir sie respektieren, fühlen wir uns sicher und geborgen. Es kann aber auch eine Kehrseite haben, wenn wir unsere Grenzen zu eng ziehen. Wenn wir allem, was innerhalb unserer Grenzen liegt, Vorrang einräumen, können wir uns überfordert und gestresst fühlen. Nehmen wir zum Beispiel an, Sie haben die strikte Regel, am Wochenende nicht zu arbeiten. Sie müssen aber am Montagmorgen ein großes Projekt abschließen. Wenn Sie sich nicht erlauben, am Wochenende an diesem Projekt zu arbeiten, könnten Sie sich am Sonntagabend unruhig und gestresst fühlen. In diesem Fall kann es helfen, wenn Sie Ihre Grenzen etwas lockern und sich erlauben, am

Samstag oder Sonntag ein paar Stunden zu arbeiten. Auf diese Weise können Sie Ihren Stresspegel minimieren und gleichzeitig Ihre Vorgabe einhalten, während der Woche nicht zu viel zu arbeiten.

Ein weiterer Fehler, den man machen kann, wenn man an seinen Grenzen festhält, ist, zu unflexibel zu sein. Nehmen wir zum Beispiel an, Sie haben die Regel, nie in ein Restaurant zu gehen, weil Sie Geld sparen wollen. Wenn Ihre Freunde Sie jedoch zum Essen einladen und Sie ablehnen, werden sie Sie vielleicht nie wieder einladen. Dies kann dazu führen, dass Ihnen soziale Erfahrungen entgehen und Sie sich isoliert und einsam fühlen. In diesem Fall kann es hilfreich sein, flexibler mit Ihren Grenzen umzugehen und sich zu erlauben, gelegentlich zum Essen auszugehen. Dies kann Ihnen helfen, soziale Beziehungen aufrechtzuerhalten und zu verhindern, dass Sie sich isoliert fühlen.

Es ist wichtig, dass wir unsere Grenzen respektieren, aber wir müssen uns auch der möglichen Fallen bewusst sein, wenn wir zu starr oder unflexibel sind. Wenn wir uns dieser Fehler bewusst sind, können wir sicherstellen, dass unsere Grenzen uns helfen, uns sicher und geborgen zu fühlen, ohne dass sie zu Stress oder Isolation führen.

2. Überfunktionieren

Es ist besser, eine Grenze zu setzen und darauf zu vertrauen, dass andere sie einhalten. So kann man ruhig und souverän mit der Situation umgehen, ohne zu überreagieren, wenn sie es nicht tun.

Es ist wichtig, seine Grenzen zu beachten, aber es ist auch möglich, zu viel zu tun, wenn man versucht, sie einzuhalten. Überreagieren kann viele Formen annehmen, aber im Allgemeinen bedeutet es, mehr zu tun, als in einer bestimmten Situation notwendig oder angemessen ist. Wenn Sie zum Beispiel eine Grenze haben, die Sie anderen nicht überschreiten lassen wollen, können Sie „überfunktionieren", indem Sie die Situation ständig überwachen und jedes Mal eingreifen, wenn jemand im Begriff ist, die Grenze zu überschreiten. Dies kann anstrengend und letztlich kontraproduktiv sein, da es bei denjenigen, denen gegenüber Sie Ihre Grenze zu schützen versuchen, Ressentiments oder ein falsches Anspruchsdenken hervorrufen kann.

Überfunktionalität ist ein Begriff, der verwendet wird, um eine Situation zu beschreiben, in der eine Person zu viel Verantwortung übernimmt oder versucht, zu viel für eine andere Person zu tun. Dies kann in jeder Art von Beziehung ein Problem sein, kommt aber besonders häufig in Familienbeziehungen vor. Überfunktionalität kann zu Gefühlen wie Groll, Wut und Erschöpfung führen. Sie kann auch zu Beziehungsproblemen wie Konflikten und verminderter Intimität führen. Es gibt einige wichtige Anzeichen dafür, dass Sie in einer Beziehung überfunktional sind. Erstens: Haben Sie das Gefühl, dass Sie immer mehr Verantwortung übernehmen als der andere? Haben Sie das Gefühl, dass Sie immer derjenige sind, der sich mehr anstrengen muss? Zweitens: Erledigen Sie immer Dinge für die andere Person, die sie leicht selbst erledigen könnte? Sind Sie immer derjenige, der Gespräche oder Pläne initiieren muss? Und schließlich: Haben Sie das Gefühl, dass Ihre Bedürfnisse immer an letzter Stelle stehen? Wenn Sie eine dieser Fragen mit „Ja" beantwortet haben, schränken Sie sich in Ihren Beziehungen möglicherweise zu sehr ein. Die gute Nachricht ist, dass es Möglichkeiten gibt, dieses Verhalten zu ändern. Wenn Sie merken, dass Sie sich zu sehr einschränken, versuchen Sie, einen Schritt zurückzutreten und der anderen Person mehr Verantwortung zu überlassen. Achten Sie darauf, auf sich selbst zu achten und sich Zeit für Ihre eigenen Bedürfnisse zu nehmen. Und schließlich sollten Sie mit der anderen Person offen über Ihre Sorgen sprechen. Diese Schritte können dazu beitragen, ein gesünderes Gleichgewicht in Ihren Beziehungen zu schaffen.

3. Vernachlässigung Ihrer Bedürfnisse

Wenn es darum geht, persönliche Grenzen zu setzen und einzuhalten, ist es wichtig, auf die eigenen Bedürfnisse zu achten. Ein häufiger Fehler besteht darin, die eigenen Bedürfnisse zugunsten der Bedürfnisse anderer zu vernachlässigen. Dies kann dazu führen, dass man sich verbittert und als selbstverständlich hingenommen fühlt. Es kann auch zum Burnout führen, weil man ständig etwas gibt, ohne sich Zeit zum Auftanken zu nehmen. Eine gesunde Abgrenzung bedeutet, ehrlich zu sagen, was man braucht, um sich glücklich und erfüllt zu fühlen. Wenn Sie feststellen, dass Sie ständig die Bedürfnisse anderer über Ihre eigenen stellen, ist es vielleicht an der Zeit, Ihre Prioritäten zu überdenken. Denken Sie daran, dass auch Sie es verdienen, sich um sich selbst zu kümmern. Wenn Sie Ihre eigenen Bedürfnisse an die erste Stelle setzen, können Sie eine solidere Grundlage für gesunde Beziehungen zu anderen schaffen.

Wir mögen uns einreden, dass wir keine Zeit für Selbstfürsorge haben oder es uns nicht leisten können, uns um unsere eigenen Belange zu kümmern. Aber das ist nicht nur unrealistisch, sondern auch kontraproduktiv. Wenn wir unsere eigenen Bedürfnisse vernachlässigen, ist die Wahrscheinlichkeit größer, dass wir ausbrennen und schließlich unsere Grenzen aufgeben. Statt also die eigenen Bedürfnisse zu vernachlässigen, sollte man sie in die Entscheidungsfindung einbeziehen. Irgendwann in unserem Leben stehen wir alle vor der Herausforderung, unsere Grenzen zu respektieren. Ob es darum geht, unsere Zeit, unsere Energie oder unsere Ressourcen einzuschränken, es kann schwierig sein zu wissen, wo wir die Grenze ziehen sollen. Es ist jedoch wichtig, sich daran zu erinnern, dass unsere Grenzen aus einem bestimmten Grund da sind. Sie schützen uns vor Überforderung und Ausbeutung.

4. Angst, etwas zu verpassen

Wir alle haben es schon einmal erlebt. Man ist mit Freunden unterwegs und amüsiert sich prächtig, als plötzlich jemand von einer Veranstaltung spricht, an der man nicht teilnehmen kann. Das kann eine Party sein, ein Konzert oder auch nur ein Abend in einem neuen Restaurant. Und während Sie Ihren Freunden zuhören, wie viel Spaß sie ohne Sie haben werden, verspüren Sie einen Anflug von Bedauern. Dieses Gefühl nennt man FOMO, auch bekannt als *Fear Of Missing Out* (Angst, etwas zu verpassen).

Ein Fehler, den Menschen machen, wenn es darum geht, Grenzen zu setzen, ist die Angst, etwas zu verpassen. In den sozialen Medien werden wir ständig mit Bildern und Geschichten über das scheinbar perfekte Leben anderer Menschen bombardiert. Wir sehen, wie unsere Freunde auf tolle Reisen gehen, tolle Urlaube machen und alle möglichen wunderbaren Dinge erleben, und wir werden das Gefühl nicht los, dass wir etwas verpassen. Natürlich sehen wir nur die Höhepunkte im Leben der anderen, deshalb ist es wichtig, sich daran zu erinnern, dass Vergleiche der Dieb der Freude sind. Nur weil jemand anderes eine gute Zeit zu haben scheint, heißt das nicht, dass man sein eigenes Leben nicht genießen kann.

Eine weitere Möglichkeit, wie FOMO sein hässliches Gesicht zeigen kann, sind unsere Beziehungen. Wir haben vielleicht Angst, unseren Freunden oder Familienmitgliedern Grenzen zu setzen, weil wir nicht auf die Zeit mit ihnen verzichten wollen. Es ist jedoch wichtig, sich daran zu erinnern, dass gesunde Beziehungen auf Vertrauen und Respekt basieren, und dazu gehört auch, die Grenzen des anderen zu respektieren. Wenn Sie sich dabei ertappen, dass Sie immer „Ja" zu einer Verabredung sagen, auch wenn Sie eigentlich keine Lust dazu haben, ist es vielleicht an der Zeit, mit Ihrem Freund darüber zu sprechen, wie Sie Grenzen setzen können.

Letzten Endes ist die Angst, etwas zu verpassen, ein natürliches menschliches Gefühl, aber es ist wichtig, dass Sie nicht zulassen, dass es Ihr Leben beherrscht. Wenn Sie sich dabei ertappen, dass Sie in die Vergleichsfalle tappen oder Ihre eigenen Bedürfnisse für andere opfern, sollten Sie einen Schritt zurücktreten und Ihre Prioritäten überdenken. Denken Sie daran, dass Sie nicht alles tun oder zu allem „Ja" sagen müssen, um ein erfülltes Leben zu führen.

5. Der Furcht nachgeben

Wir alle haben unsere eigenen Grenzen: die Linien, die wir ziehen, um zu definieren, was wir tun und lassen, was wir tolerieren und was nicht, was für uns akzeptabel ist und was nicht. Meistens sind diese Grenzen gut für uns. Sie helfen uns, uns selbst treu zu bleiben, schützen uns vor Schaden und halten unser Leben im Einklang mit unseren Werten. Aber es gibt Zeiten, in denen diese Grenzen uns in die Irre führen können. Ein Fehler, den wir oft machen, ist es, der Angst nachzugeben.

Wenn wir vor etwas Angst haben, kann es verlockend sein, uns zu schützen, indem wir uns hinter unsere eigenen Grenzen zurückziehen. Vielleicht verstecken wir uns vor der Welt und weigern uns, unsere Komfortzone zu verlassen, aus Angst vor dem, was passieren könnte. Oder wir versuchen, alles um uns herum zu kontrollieren, indem wir zwanghaft jedes Detail überwachen, um unser Leben sicher und vorhersehbar zu machen. Diese Strategie kann uns helfen, kurzfristige Unannehmlichkeiten zu vermeiden, aber sie kann auch zu einem Leben voller verpasster Gelegenheiten und Reue führen.

Anstatt der Angst zu erlauben, Ihr Leben zu beherrschen, versuchen Sie, sich ihr zu stellen. Identifizieren Sie die Dinge, die Ihnen Angst machen, und finden Sie Wege, damit umzugehen. Machen Sie regelmäßig kleine Schritte außerhalb Ihrer Komfortzone und fordern Sie sich selbst heraus, neue Dinge auszuprobieren, auch wenn Sie sich ängstlich fühlen. Es wird nicht leicht sein, aber es lohnt sich, denn der einzige Weg, wirklich zu leben, besteht darin, die Angst zu akzeptieren und zu lernen, mit ihr umzugehen.

6. Sich zu sehr an das Ergebnis einer Grenzziehung klammern

Wenn es darum geht, Grenzen zu setzen, machen Menschen häufig den Fehler, sich zu sehr auf das Ergebnis zu konzentrieren. Mit anderen Worten, sie setzen eine Grenze in der Erwartung, dass die andere

Person auf eine bestimmte Art und Weise reagieren wird. Zum Beispiel können sie eine Grenze setzen, um die andere Person dazu zu bringen, ihr Verhalten zu ändern. Oder sie setzen eine Grenze, um sich selbst vor weiteren Verletzungen zu schützen. Es ist nichts Falsches daran, die andere Person dazu zu bringen, ihr Verhalten zu ändern, oder sich selbst zu schützen, aber es kann auch nach hinten losgehen, wenn man sich zu sehr an das Ergebnis klammert.

Und das ist der Grund: Wenn man zu sehr auf das Ergebnis fixiert ist, ist man eher enttäuscht, wenn die Dinge nicht so laufen, wie man es sich gewünscht hat. Das kann zu Unmut und sogar zu weiteren Konflikten führen. Wenn Sie sich zu sehr auf das Ergebnis konzentrieren, sind Sie im Moment vielleicht nicht so präsent und verpassen wichtige Hinweise der anderen Person.

Es ist wichtig, sich daran zu erinnern, dass es beim Setzen von Grenzen darum geht, sich um sich selbst zu kümmern und nicht darum, die andere Person zu kontrollieren. Anstatt sich zu sehr auf das Ergebnis zu konzentrieren, sollten Sie sich darauf konzentrieren, im Moment präsent zu sein und Ihren eigenen Bedürfnissen und Werten treu zu bleiben.

7. Zu subtil sein

Wenn es darum geht, Grenzen zu setzen und durchzusetzen, ist es wichtig, klar und direkt zu sein. Schließlich geht es bei Grenzen vor allem um Kommunikation. Wenn Sie zu subtil sind, kann Ihre Botschaft in der Übermittlung verloren gehen. Nehmen wir zum Beispiel an, dass es Ihnen unangenehm ist, Ihre persönlichen Daten mit anderen zu teilen. Wenn Sie Ihren Gesprächspartnern sagen, dass Sie „nicht gerne etwas mitteilen“, verstehen sie vielleicht nicht, dass Sie nicht über bestimmte Themen sprechen möchten. Sagen Sie stattdessen etwas wie: „Ich möchte diese Informationen nicht mitteilen“. Auf diese Weise gibt es keine Verwirrung über Ihre Gefühle in dieser Angelegenheit. Oder nehmen wir an, dass Sie versuchen, in Ihrer Liebesbeziehung Grenzen zu setzen, indem Sie bestimmte Standards festlegen, wie Sie behandelt werden möchten. Wenn Sie Ihrem Partner sagen, dass Sie nicht respektlos behandelt werden wollen, könnte er das so interpretieren, dass er Sie immer noch zurechtweisen kann, solange er sich hinterher entschuldigt. Wenn Sie aber etwas sagen wie: „Ich möchte, dass du meine Wünsche respektierst, wenn es um X, Y und Z geht“, dann gibt es keinen Raum für Fehlinterpretationen. Kurz gesagt, wenn es darum geht, Grenzen zu setzen, ist es wichtig, so klar und direkt wie möglich zu sein. Andernfalls laufen Sie Gefahr, dass Ihre Grenzen überschritten werden.

8. Übertriebenes Erklären

Wenn es darum geht, persönliche Grenzen zu setzen und einzuhalten, ist es ein schmaler Grat zwischen Durchsetzungsvermögen und übertriebener Selbstdarstellung. Nehmen wir zum Beispiel an, Sie haben einen Freund, der Sie ständig um Gefälligkeiten bittet. Vielleicht fühlen Sie sich irgendwann ausgenutzt und beschließen, diesem Freund eine Grenze zu setzen. Von nun an werden Sie ihm nur noch Gefallen tun, wenn sie vernünftig sind und nicht zu viel Zeit in Anspruch nehmen.

Übertriebenes Erklären bedeutet, dass jemand das Bedürfnis hat, seine persönlichen Grenzen vor anderen zu rechtfertigen, und dies oft sehr detailliert. Dies kann aus mehreren Gründen schädlich sein. Erstens kann es bei anderen den Eindruck erwecken, sie hätten ein Recht auf eine Erklärung, warum man eine Grenze gesetzt hat. Zweitens kann es den Eindruck erwecken, dass Sie defensiv oder unsicher in Bezug auf Ihre eigenen Entscheidungen sind. Und schließlich kann es anderen die Tür öffnen, Ihnen Ihre Grenzen auszureden. Wenn Sie sich dabei ertappen, dass Sie Ihre persönlichen Grenzen zu sehr erklären, versuchen Sie sich daran zu erinnern, dass Sie nicht verpflichtet sind, Ihre Entscheidungen vor anderen zu rechtfertigen. Sie haben das Recht, Ihre Grenzen so zu setzen, wie Sie es für richtig halten, und andere müssen das respektieren, ob sie es verstehen oder nicht.

9. Zu leicht aufgeben

Das Setzen und Aufrechterhalten von Grenzen ist entscheidend für jede gesunde Beziehung, sei es zu einem Liebespartner, einem Familienmitglied, einem Freund oder sogar zu sich selbst. Es ist jedoch leicht, Fehler zu machen, wenn man lernt, Grenzen zu setzen. Ein solcher Fehler ist es, zu schnell aufzugeben. Das passiert oft, wenn jemand das Gefühl hat, ständig aus seiner Komfortzone gedrängt zu werden. Sie haben dann vielleicht das Gefühl, immer Opfer bringen zu müssen und dass ihre Bedürfnisse nie erfüllt werden. Das kann dazu führen, dass sie aufhören, Grenzen zu setzen.

Natürlich gibt es Zeiten, in denen man Kompromisse eingehen muss, um eine gesunde Beziehung aufrechtzuerhalten. Aber wenn Sie sich dabei ertappen, dass Sie ständig nachgeben und nie etwas zurückbekommen, ist es vielleicht an der Zeit, Ihre Grenzen zu überdenken. Andernfalls laufen Sie Gefahr, in einer einseitigen und emotional belastenden Beziehung zu enden. Wenn Sie also das nächste Mal das Gefühl haben, dass Sie zu weit gedrängt werden, treten Sie einen Schritt zurück und bewerten Sie die Situation. Wenn Sie in der Beziehung nicht das bekommen, was Sie brauchen, ist es vielleicht an der Zeit, neue Grenzen zu setzen oder die Beziehung ganz zu beenden.

10. Zu viele Grenzen setzen

Wenn es darum geht, persönliche Grenzen zu setzen und aufrechtzuerhalten, gibt es viel Raum für Fehler. Ein häufiger Fehler ist, sich sozusagen zu weit aus dem Fenster zu lehnen. Menschen versuchen, sich vor allen möglichen Verletzungen, Schmerzen oder Unannehmlichkeiten zu schützen. In der Theorie mag das eine gute Idee sein, aber in der Praxis führt es oft dazu, dass man sich isoliert und von der Welt abgeschnitten fühlt. Mit anderen Worten: Man versucht, in allen Lebensbereichen Grenzen zu setzen, ohne die eigenen Bedürfnisse und Fähigkeiten zu berücksichtigen. Die eigenen Grenzen zu respektieren ist für ein gesundes Selbstwertgefühl unerlässlich. Es ist jedoch ein schmaler Grat zwischen dem Respektieren der eigenen Grenzen und einem zu starren Verhalten. Dies kann zu Burnout, Groll und dem Gefühl des Eingesperrtseins führen. Eine andere Möglichkeit ist, dass jemand sich zu viele strenge Regeln auferlegt, die ihn daran hindern, das Leben zu genießen und vernünftige Risiken einzugehen. Anstatt starr an den eigenen Grenzen festzuhalten, ist es wichtig, flexibel zu sein und sich bei Bedarf anzupassen. Letztlich sollte das Ziel sein, ein Gleichgewicht zu finden, das den eigenen Bedürfnissen und denen der Mitmenschen entspricht.

Anstatt zu versuchen, sich vor allem zu schützen, sollten Sie sich darauf konzentrieren, gesunde Grenzen zu setzen, die es Ihnen ermöglichen, das Leben zu genießen und ein Gefühl der Verbundenheit mit anderen zu bewahren.

Tipps, um falsche Grenzen zu korrigieren

Wir alle neigen dazu, zu viel zu tun, um uns besser zu fühlen. Wir wollen gute Schüler, gute Arbeitnehmer, gute Freunde, gute Ehepartner und gute Eltern sein. Und wir wollen alles gut machen. Also füllen wir unsere Kalender und To-Do-Listen und versuchen, alles zu tun, was von uns erwartet wird. Aber irgendwann merken wir, dass wir nicht ewig so weitermachen können. Etwas muss zurückstehen.

Eines der besten Dinge, die man für sich selbst tun kann, ist zu lernen, Grenzen zu setzen. Das bedeutet, zu lernen, „Nein" zu sagen, wenn man bereits überlastet ist. Das bedeutet, dass Sie lernen müssen, Prioritäten zu setzen und sich auf das zu konzentrieren, was Ihnen wichtig ist. Und es bedeutet, den Perfektionismus loszulassen und zu akzeptieren, dass man nicht immer alles perfekt machen kann.

1. **Erstellen Sie eine Liste mit Ihren Prioritäten.** Was sind die wichtigsten Dinge in Ihrem Leben? Ihre Familie? Ihre Gesundheit? Ihr Beruf? Ihre Hobbys? Finden Sie heraus, was Ihnen wirklich wichtig ist, und räumen Sie diesen Dingen Priorität ein.

2. **Seien Sie realistisch bei der Einschätzung**, was Sie an einem Tag, in einer Woche oder sogar in einem Monat schaffen können. Sie werden nicht alles auf Ihrer Liste erledigen können, also überlegen Sie sich, was am wichtigsten ist, und konzentrieren Sie sich darauf.

3. **Planen Sie etwas Zeit für sich ein.** Sie brauchen Zeit für sich selbst, auch wenn es nur ein oder zwei Stunden sind. Nutzen Sie diese Zeit, um sich zu entspannen, aufzutanken und mit sich selbst in Kontakt zu kommen.

4. **Lernen Sie, „Nein" zu sagen, ohne sich schuldig zu fühlen.** Es ist in Ordnung, Einladungen oder Bitten um Zeit abzulehnen, wenn Sie keine Zeit haben. Sagen Sie einfach höflich, aber bestimmt nein und entschuldigen Sie sich nicht dafür.

5. **Lassen Sie den Perfektionismus los.** Sie werden nicht in der Lage sein, immer alles perfekt zu machen, also hören Sie auf, sich darüber aufzuregen. Lernen Sie, Fehler als Teil des Prozesses zu akzeptieren und weiterzumachen.

6. **Suchen Sie sich Unterstützung bei anderen,** die verstehen, was Sie durchmachen. Wahrscheinlich gibt es in Ihrem Leben andere Menschen, die mit ähnlichen Problemen zu kämpfen haben. Schließen Sie sich mit ihnen zusammen und stützen Sie sich gegenseitig, wenn Sie Unterstützung brauchen.

Kapitel 10: Wie Sie Ihre Grenzen zehnmal wirksamer gestalten

Das Setzen von Grenzen ist entscheidend für Ihre psychische Gesundheit und die Ausschöpfung Ihres vollen Potenzials. Sie müssen die Grenzen setzen, die Sie brauchen, um ein starkes Selbstwertgefühl zu haben und gesunde Beziehungen aufzubauen. Vielleicht fällt es Ihnen schwer, Grenzen zu setzen, vor allem, wenn Sie in einem Elternhaus aufgewachsen sind, in dem Grenzen nicht respektiert wurden. Die gute Nachricht ist, dass Sie Ihre Fähigkeit, Grenzen zu setzen, jederzeit verbessern können.

Wenn Sie Grenzen setzen, bringen Sie anderen bei, wie sie Sie behandeln sollen, und schützen sich so vor Missbrauch. Manchmal behandeln Sie andere so, wie sie denken, dass Sie behandelt werden wollen, weil Sie ihnen noch zeigen müssen, was Sie wollen. Manchmal behandeln sie Sie so, wie Sie selbst behandelt werden möchten.

Grenzen ermöglichen es, Werte zu vermitteln. Wenn Sie definieren, was Sie wollen, weiß jeder, der Sie verletzt, dass er Sie verletzt. Niemand wird Ihnen vorwerfen, Sie wüssten nicht, was Sie wollen, denn Ihre Grenzen haben Ihre Prioritäten definiert. Wir alle brauchen Zeit für uns selbst, um zu entdecken und zu wachsen, aber die bekommen Sie nur, wenn Sie Grenzen setzen.

Sie selbst zu sein und Dinge zu tun, die Sie als friedlich oder angenehm empfinden, ist ein Weg zu einem glücklichen und erfüllten Leben. Sie können Ihre Ideen, Bedürfnisse, Gedanken und Gefühle ausleben, wenn Sie gesunde und wirksame Grenzen haben. Grenzen ermöglichen es Ihnen, Sie selbst zu sein und nicht der verlängerte Arm anderer oder jemand, zu dem man Sie gezwungen hat. Ihre Handlungen sollten von Ihren eigenen Gedanken bestimmt werden und nicht von dem, was andere Ihnen auferlegen.

Dieses Kapitel erklärt, wie Sie die Wirksamkeit Ihrer Grenzen um ein Vielfaches erhöhen können. Auch wenn Sie wissen, was Grenzen sind und wahrscheinlich schon einige gezogen haben, vergessen Sie nicht, dass Sie nur dann von ihnen profitieren können, wenn sie extrem effektiv sind. Unwirksame Grenzen sind wie keine Grenzen, weil sie ständig verletzt oder überschritten werden.

Menschen können Ihnen ein schlechtes Gewissen machen, wenn Sie Ihre Bedürfnisse klar zum Ausdruck bringen. Der Mensch ist von Natur aus egoistisch, denn jeder möchte seine Bedürfnisse erfüllt sehen, wann immer er will. Rechnen Sie also damit, dass Ihre Grenzen manche Menschen irritieren, die immer ihren eigenen Willen durchsetzen wollen. Grenzen dienen der persönlichen Entwicklung, und niemand sollte Ihnen etwas anderes erzählen. Wenn Sie wissen, wofür Grenzen gut sind, können Sie sie setzen, ohne sich schuldig zu fühlen.

Tipps, wie Sie Ihre Grenzen gegen alle Widerstände aufrechterhalten können

Erwarten Sie Widerstand von Menschen, die Familie, Freunde oder Bekannte sein können. Dominante Personen werden Ihre Grenzen überschreiten wollen, um ihren eigenen Willen durchzusetzen. Es ist auch wichtig, daran zu denken, dass alle anderen Menschen Grenzen haben, die man respektieren muss, auch wenn sie die eigenen nicht respektieren. Manchmal ist es einfacher zu lehren, wenn man nach seinen eigenen Worten lebt.

Wenn man Grenzen setzt, muss man bereit sein, sie einzuhalten und gleichzeitig die Grenzen der anderen zu respektieren. Wenn Sie wollen, dass alle Sie mögen und Ihnen zustimmen, wird es schwieriger, Ihre Grenzen zu respektieren. Sie setzen Ihre Grenzen indirekt herab, wenn Sie den Weg des geringsten Widerstandes wählen. Sie werden feststellen, dass Sie immer wieder versuchen, dieselben Grenzen zu ziehen. Dann wird Ihnen klar, dass Sie Ihre Grenzen setzen müssen und dass Sie diese auch gegen Widerstände einhalten müssen. Im Folgenden finden Sie einige Hinweise, die Ihnen helfen, Ihre Grenzen zu wahren.

Gestehen Sie sich ein, dass Sie sich irren können, anstatt immer davon auszugehen, dass Sie richtigliegen

Ihre Entscheidungen können bei anderen Unbehagen auslösen, und Sie sollten sich dessen bewusst sein. Bringen Sie Ihre Bedürfnisse diplomatisch zum Ausdruck. Vielleicht möchten Sie bei extrem kaltem Wetter die Klimaanlage einschalten, weil es Ihr Haus ist und Ihnen warm ist. Wenn Sie das tun, kann das die Gesundheit der anderen im Haus beeinträchtigen, und das ist nicht gut.

Ihre Bedürfnisse anderen aufzuzwingen, wird Ihnen nicht helfen. Seien Sie stattdessen vernünftig und wenn nötig kompromissbereit. Sie können erklären, dass Sie die Klimaanlage einschalten müssen, weil Ihnen heiß ist, dass Sie sie aber in ein paar Minuten wieder ausschalten werden, falls die anderen die Kälte nicht ertragen können. So machen Sie Ihre Absichten klar, ohne dass es zu einem Machtkampf kommt. Mit Diplomatie kann man vieles erreichen, was mit einem Konflikt nicht möglich ist.

Sagen Sie direkt, was Sie wollen, und machen Sie Ihre Entscheidungen von sich selbst und Ihrem Wohlbefinden abhängig.

Man kann nicht mit Ihnen darüber diskutieren, was das Beste für Sie ist, also ist es einfacher, bei Ihren Entscheidungen zu bleiben. Wenn Sie Entscheidungen über sich selbst treffen, schließen Sie automatisch die Tür für Argumente oder Widerstand.

Wenn Sie Grenzen setzen oder durchsetzen, halten Sie sie kurz und klar.

Setzen Sie eine natürliche Grenze und erinnern Sie sich und den Übeltäter ruhig und kampflos an die Konsequenzen, wenn die Grenze überschritten wird. Seien Sie nicht aggressiv, wenn Sie Ihre Grenzen mitteilen, erklären Sie nicht zu viel und erzwingen Sie sie nicht. Nennen Sie sie stattdessen klar und deutlich. Wenn Sie nicht möchten, dass Ihr Partner in der Öffentlichkeit sexuelle Bemerkungen über Sie macht, sagen Sie es ihm und fühlen Sie sich nicht schlecht, wenn Sie sich wehren.

Sie können Ihre Handlungen kontrollieren, aber nicht die Handlungen der anderen

Überlegen Sie, was Sie tun wollen, nicht was andere tun wollen. Wenn Sie erkennen, dass Ihre Handlungen Probleme verursachen werden, überlegen Sie, wie Sie darauf reagieren oder sie vermeiden können. Sie müssen im Voraus planen und Ihre Grenzen akzeptabler darstellen.

Respektieren Sie sich selbst und alles, was Sie auszeichnet

Es braucht viel Selbstliebe, um an den eigenen Grenzen festzuhalten. Wenn Sie sich selbst nicht wertschätzen, wird es Ihnen schwerfallen, anderen zu sagen, was Sie verdienen und wie Sie behandelt werden sollten. Schaffen Sie sich eine Einstellung, in der Sie sich selbst lieben, und beschäftigen Sie sich mit Aktivitäten, die Sie glücklich machen, zum Beispiel Tanzen, Sport treiben oder Singen. Wenn Sie Ihr Herz mit schönen Dingen füllen, ist es schwer, sich von anderen schlecht behandeln zu lassen.

Werden Sie nicht müde, Ihre Grenzen zu kommunizieren, vor allem gegenüber jemandem, der sie nicht respektiert.

Es ist wichtig, Ihre Grenzen deutlich zu machen, aber vermeiden Sie es, sie ständig aggressiv zu formulieren. Wenn Ihr Freund Sie zum Beispiel so lange anruft, bis Sie abheben, können Sie sagen: „Ich verstehe, dass du mich unbedingt sprechen willst, aber es wäre besser, wenn du nach ein paar Anrufen eine Nachricht hinterlassen würdest, damit ich so schnell wie möglich zurückrufen kann. Damit haben Sie den Anrufer auf seinen Fehler aufmerksam gemacht und Ihren Wunsch deutlich gemacht.

Schaffen Sie einen Rahmen, der Ihnen hilft, mit Ihren Grenzen umzugehen.

Vielleicht möchten Sie jedes Wochenende Zeit für sich haben. Machen Sie sich Notizen und schreiben Sie sie auf, um diese Grenzen zu festigen. Versuchen Sie, sich an Ihren Zeitrahmen zu halten, wenn Arbeit oder Familie versuchen, in Ihren Raum einzudringen und jede Minute Ihres Lebens für sich zu beanspruchen. Es wird eine Weile dauern, aber verlieren Sie nicht den Blick für das, was wirklich wichtig ist.

Konsequent bleiben

Konsequenz hilft Ihnen, sich mit Ihren Regeln vertraut zu machen, und zeigt anderen, dass Sie nicht mit Ihren Grenzen spielen. Wenn Sie Ihre Grenzen aufweichen, kann es sein, dass Ihre Umgebung nicht mehr weiß, was Sie wirklich wollen. Wenn Sie Ihre Grenzen einmal festgelegt haben, halten Sie sie unbedingt ein und bestrafen Sie diejenigen, die sie überschreiten.

Legen Sie Ihre Grenzen frühzeitig fest

Wenn Sie frühzeitig Grenzen setzen, können sich andere darauf einstellen, wenn sie Sie kennenlernen. Es wird einfacher sein, Ihre Grenzen aufrechtzuerhalten, wenn Sie sie zu Beginn Ihrer Beziehung festlegen. Jeder weiß dann, woran er ist, und Sie vermeiden Frustration, Widerstand, Verwirrung und verletzende Gefühle.

Seien Sie sanft zu allen

Auf diese Weise können Sie alle Grenzen ändern, die angepasst werden müssen. Wenn Sie jemanden treffen, der Ihre Grenzen nicht kennt, oder wenn Sie Ihre bestehenden Grenzen erweitern wollen, führen Sie sie allmählich ein. Das führt zu weniger Widerstand und mehr Akzeptanz.

Nehmen Sie sich etwas Zeit, um darüber nachzudenken, warum Sie Grenzen setzen müssen

Wenn Sie verstehen, welche Vorteile es hat, wenn Sie an Ihren Grenzen festhalten, wird Sie das ermutigen, auch dann nicht aufzugeben, wenn Sie auf Widerstand stoßen. Es ist gut, die Kontrolle über die eigene Psyche zu haben. Das hilft Ihnen zu verstehen, was um Sie herum und in Ihnen vorgeht. Durch Nachdenken und Reflektieren können Sie sich ein klareres Bild davon machen, was Sie verdienen.

Wie Sie reagieren, wenn jemand Ihre Grenzen überschreitet oder verletzt

Waren Sie schon einmal in einer Situation, in der Menschen wiederholt Ihre Grenzen überschritten haben? Sie tun so, als gäbe es diese Grenze nicht, obwohl Sie sie schon mehrmals angesprochen haben. Und dann überschreiten sie diese Grenze wieder. Solche Situationen können sehr anstrengend sein. Grenzen helfen Ihnen dabei, gesunde Beziehungen zu pflegen, aber wenn Sie zu heftig reagieren, wenn sie verletzt werden, können Sie diese Beziehungen auch zerstören. Egal, wie nett Sie sind, manche Menschen werden keine Mühen scheuen, Ihre Grenzen zu überschreiten, vielleicht um Sie zu ärgern oder um ihren eigenen Willen durchzusetzen. Am besten ist es, wenn Sie eine klare Reaktion auf diejenigen haben, die Ihre Grenzen wiederholt verletzen. Entscheiden Sie in jedem Fall, was für Ihr Wohlbefinden am besten ist. Beachten Sie Folgendes:

Bestimmen Sie, ob Sie die Grenzen aushandeln können

Es stimmt, dass es Menschen gibt, für die Sie eine Ausnahme machen können, und eine Anpassung Ihrer Regeln kann ihnen helfen, positiv auf Ihre Grenzen zu reagieren. Eine flexible Grenze, die bei Bedarf angepasst werden kann, ist in Ordnung. Ein Kompromiss sollte nicht bedeuten, dass Sie sich selbst in Gefahr oder Stress bringen. Verändern Sie Ihre Grenzen nur so weit, wie es für Ihr Wohlbefinden notwendig ist. Tun Sie dies nicht, weil Sie sich dazu verpflichtet fühlen oder um anderen zu gefallen.

Wiederholen Sie Ihre Grenzen so oft wie möglich

Tun Sie dies, um Reue zu ermöglichen. Seien Sie rücksichtsvoll im Umgang mit Menschen, die Ihre Grenzen überschreiten. Deren Verhalten könnte das Ergebnis einer Verstärkung ihrer Grenzen sein. Setzen Sie eine Grenze oder eine Anzahl von Chancen, die Sie jemandem geben können, bevor Sie härtere Maßnahmen ergreifen.

Stellen Sie sicher, dass andere die Konsequenzen tragen

Fühlen Sie sich nicht schlecht, wenn Sie andere dazu bringen, die Konsequenzen ihres Fehlverhaltens Ihnen gegenüber zu tragen. Die Konsequenzen können genau das sein, was sie brauchen, um Ihre Grenzen zu respektieren. Wenn sie sich nicht ändern, sollten Sie bereit sein, eine angemessene Strafe zu verhängen.

Erwägen Sie, sich zu trennen

Eine Trennung schützt Ihre psychische Gesundheit und Ihr allgemeines Wohlbefinden. Es ist jedoch nicht einfach, vor allem, wenn ein Familienmitglied oder der Partner betroffen ist. In solchen Situationen können Sie einen Teil der Kommunikation mit der Person aussetzen, bis Sie dazu bereit sind. Um Ihre Gründe zu verdeutlichen, sollten Sie sich schrittweise von der Person distanzieren und gleichzeitig Ihre Grenzen bekräftigen. Gesunde Beziehungen respektieren Grenzen, und Sie sollten sich nicht schlecht fühlen, wenn Sie eine Beziehung verlassen, die Ihre Grenzen nicht respektiert. Die Trennung erfolgt nach mehreren gescheiterten Veränderungsversuchen.

In einem Konflikt für sich selbst eintreten, ohne wie ein Idiot dazustehen

Es wird immer Situationen geben, in denen wir für uns selbst eintreten müssen, und deshalb ist es wichtig, dass wir lernen, unser eigener Held zu sein. Konflikte können aus unerwarteten Quellen entstehen, aber man muss darauf vorbereitet sein. Unterschiedliche Situationen erfordern unterschiedliche Strategien, aber wenn man sich selbst verteidigt, kann man zeigen, wie sehr man sich selbst und andere schätzt.

Die Atmosphäre ist während des Konflikts bereits angespannt, daher ist es wichtig, dass Sie Ihre Handlungen gut formulieren, um das Chaos nicht noch zu vergrößern. Wenn Sie sich selbst verteidigen, werden Sie von den anderen respektiert. Dies kann Ihnen helfen, an Ihren Wert und Ihre Fähigkeiten zu glauben.

Um für sich selbst eintreten zu können, müssen Sie Selbstvertrauen haben. Nehmen Sie Augenkontakt auf und setzen Sie sich für das ein, was für Sie am besten ist. Es kann schwierig sein, sich zu verteidigen, wenn man nicht selbstbewusst ist. Aber mit der Zeit und regelmäßigem Training können Sie lernen, in Konfliktsituationen Ihr eigener Held zu sein.

Wenn Sie für sich selbst eintreten, wird dies zweifellos Ihr Selbstwertgefühl stärken. Allerdings sollten Sie damit rechnen, in Konfliktsituationen nervös zu werden. Die folgenden Tipps sollen Ihnen helfen, sich in Konfliktsituationen zu verteidigen. Aus solchen Erfahrungen können Sie wertvolle Lehren ziehen, vor allem, wenn Sie sich regelmäßig verteidigen.

- Wenn Sie mit unangenehmen Situationen konfrontiert werden, ist es gut für Ihr Wohlbefinden, „Nein" zu sagen. Wenn Sie zum Beispiel von einem Kollegen gebeten werden, mehr Arbeit zu übernehmen, als Ihnen zumutbar ist, erklären Sie, warum Sie dies nicht tun können, und lehnen Sie ab. Lassen Sie nicht zu, dass jemand Ihre psychische Gesundheit auf die leichte Schulter nimmt.

- In einer Stresssituation sollten Sie sich so präsentieren, dass Ihre Körpersprache zu Ihren Worten passt. Anstatt zu nuscheln oder sich zu verrenken, seien Sie selbstsicher und sprechen Sie fest und ruhig. Halten Sie Blickkontakt und eine aufrechte Körperhaltung.

- Die Grenzen, die Sie gesetzt haben, könnten die Ursache des Konflikts sein und dazu führen, dass Sie sich schuldig fühlen. Geben Sie diesem Gefühl nicht nach. Bleiben Sie bei Ihren Grenzen. Es ist nicht falsch, Bedürfnisse zu haben und zu erwarten, dass andere sie respektieren. Wenn Sie

Schuldgefühle überwältigen und sich entschuldigen müssen, erklären Sie kurz Ihre Gründe, aber überspringen Sie den „Es tut mir leid"-Teil.

- Trainieren und üben Sie, bevor es zu einem Konflikt kommt. Lassen Sie Ihrer Phantasie freien Lauf und denken Sie sich Szenarien aus, die zu einem Konflikt führen könnten, und üben Sie, wie Sie in einer solchen Situation reagieren können. Je mehr Sie üben, desto leichter wird es Ihnen fallen, in der Öffentlichkeit souverän aufzutreten.

- Erkennen Sie das Ungleichgewicht, das zu Konflikten um Sie herum führt. Die Menschen erwarten von Ihnen, dass Sie über sich hinauswachsen, wenn Sie das zuvor für sie getan haben. Wenn Sie die Ursache des Konflikts erkannt haben, können Sie sich ohne schlechtes Gewissen für sich selbst einsetzen. Das Setzen von Grenzen kann helfen, zukünftige Konflikte zu vermeiden.

- Wenn die Umgebung zu giftig für Sie wird, gehen Sie einfach weg. Wenn Sie versuchen, ein Gespräch zu führen, kann dies zu Geschrei und beleidigenden Äußerungen führen. Verlassen Sie den Raum, um frische Luft zu schnappen und um sicherzustellen, dass Sie nicht körperlich verletzt werden. Scheuen Sie sich nicht, den Raum zu verlassen, wenn dies in einer chaotischen Situation die sicherste Option ist.

- Reagieren Sie nicht vorschnell, wenn jemand etwas sagt, um Sie zu ärgern oder zu einer Überreaktion zu verleiten. Überlegen Sie, wie die Situation ist, was die Person gesagt hat und was sie von Ihnen als Reaktion erwartet. Vielleicht sehen Sie Gründe, zunächst zu schweigen und erst viel später zu reagieren. Wenn die Anspannung nachlässt, können Sie viel besser mit der Situation umgehen.

- Sie verdienen Respekt und sollten von niemandem übergangen werden. Um Ihr Selbstwertgefühl zu stärken, erinnern Sie sich immer wieder an Ihren Wert und Ihre Werte. Warum werden Ihre Grenzen nicht respektiert? Warum verstehen Ihre Kollegen, Partner, Familie und Freunde Ihre Bedürfnisse nicht? Es gibt keinen Grund, sich zu schämen, um das zu bitten, was Ihnen zusteht.

Problematische Gespräche mit manipulativen Menschen führen

Problemgespräche sind immer heikel, aber sie mit manipulativen Menschen zu führen, ist noch schwieriger. Manipulative Menschen wollen immer ihren Willen durchsetzen, auch wenn das bedeutet, dass sie Ihnen so lange Schuldgefühle einreden, bis Sie Ihre Entschlossenheit verlieren. Schwierige Gespräche können leicht zu Konflikten und Konfrontationen führen, ohne dass das Gesprächsziel erreicht wird.

Wie sagt man einem Kollegen, dass er sich falsch verhält oder eine schlechte Leistung erbringt? Wie setzt man Grenzen und sagt „Nein", wenn der andere sich weigert? Viele Menschen lassen sich aus Angst davon abhalten, es zu versuchen. Sie gehen dem Gespräch lieber aus dem Weg, als sich darauf einzulassen. Egal, wie schlimm man ein schwieriges Gespräch einschätzt, es ist besser, es jetzt zu führen und mit dem kurzfristigen Drama fertig zu werden, als es zu vermeiden und später mit einem größeren Problem konfrontiert zu sein.

Manipulative Menschen können manchmal ruhig und zurückhaltend sein, aber wenn Sie alle ihre Versuche, Sie nach ihrer Pfeife tanzen zu lassen, zurückweisen, werden sie ihre aggressive Seite entfesseln. Dies kann in Form von *„Gaslighting"* (d.h. Erschütterung des Selbstbildes einer Person), Erpressung usw. geschehen.

Es ist schwierig, manipulativen Menschen Grenzen zu setzen, denn das würde sie ihrer Macht über Sie berauben. Aber es ist noch nicht alles verloren. Die folgenden Punkte können Ihnen helfen, dieses schwierige Gespräch zu führen, ohne weiteren Schaden anzurichten.

- Bleiben Sie konzentriert und ruhig, indem Sie beim Sprechen atmen. Achten Sie auf einen neutralen Tonfall. Nehmen Sie sich Zeit zum Sprechen, denn Sie könnten etwas sagen, das nicht das ausdrückt, was Sie sagen wollen, und das könnte zu weiteren Missverständnissen führen.

- Achten Sie darauf, was Ihre Gesprächspartner sagen. Vielleicht finden Sie Hinweise, die Ihnen helfen, standhaft zu bleiben oder die notwendigen Konsequenzen zu ziehen.

- Übermitteln Sie Ihre Botschaft ruhig und zügig und beenden Sie das Gespräch so schnell wie möglich. Wenn Sie länger bleiben, kann der „Manipulator" Ihre Gedanken durcheinanderbringen. Lassen Sie das nicht zu!

- Er wird emotional argumentieren, um Sie zu überzeugen oder abzulenken., aber geben Sie nicht nach.

- Versuchen Sie nicht, einen manipulativen Menschen zum Schweigen zu bringen, denn das könnte Sie weiteren Manipulationsversuchen aussetzen. Hören Sie ihnen zu, und wenn Sie nicht tun können, was sie wollen, verweisen Sie sie an jemanden, der es kann.
- - Halten Sie Blickkontakt und bleiben Sie selbstsicher. Schüchternheit schützt nicht vor Manipulation, zeigen Sie Mut und Selbstvertrauen.

Wie Sie Ihre Grenzen in sozialen Medien und im Online-Umfeld erweitern können

Soziale Medien sind ein Niemandsland, in dem Menschen ohne deren Wissen in die Privatsphäre anderer eindringen. Es sind viele Eigeninteressen im Spiel, und es gibt Menschen, die Sie missbrauchen und ausnutzen wollen.

Wie wichtig ist Online/Social Media für Sie und wie viel können Sie ertragen, ohne Ihre psychische Gesundheit zu gefährden? Hängen Sie ständig am Telefon?

Soziale Medien haben zweifellos positive Aspekte, aber ohne Grenzen wüssten Sie nicht, wann Sie aufhören sollten. Grenzen helfen Ihnen, Ihren Verstand zu schützen und sich nur in Online-Umgebungen zu engagieren, die Ihre Produktivität maximieren, anstatt Ihre Tage und Nächte ziellos online zu verschwenden. Befolgen Sie die folgenden Richtlinien, um Ihre Online-Grenzen festzulegen.

Seien Sie wählerisch, wem Sie folgen und mit wem Sie befreundet sind

Beiträge, die nicht zu Ihrer Entwicklung und Ihrem Glück beitragen, sollten nicht auf Ihrer virtuellen Pinnwand erscheinen. Brechen Sie den Kontakt zu toxischen Personen ab. Folgen Sie Konten, die für Sie nützlich sind, mit Vorsicht und ohne Reue. Bereinigen Sie Ihre sozialen Netzwerke so lange, bis Sie Frieden mit ihnen geschlossen haben. Die Qualität Ihrer Freunde ist wichtiger als die Quantität.

Konfigurieren Sie Ihr Konto für die Prüfung von Freundschaftseinladungen/-anfragen

Sie sollten sich genau wie offline genau überlegen, mit wem Sie online befreundet sein möchten. Schauen Sie sich das Konto der Person an, mit der Sie befreundet sein möchten, um zu sehen, ob die Inhalte für Sie von Interesse sind.

Welches Ziel möchten Sie mit Social Media erreichen?

Möchten Sie geschäftliche Kontakte knüpfen oder einfach nur Ihre Zeit genießen? Erstellen Sie einen Zeitplan für sich selbst und stellen Sie sicher, dass Sie Ihre täglichen Ziele erreichen. Ihre Reaktion wird beeinflussen, welche Freunde Sie pflegen und welche Inhalte Sie konsumieren sollten.

Vermeiden Sie herabsetzende und beleidigende Kommentare

Schützen Sie sich vor Negativität im Internet, indem Sie Personen, die beleidigende oder gewalttätige Inhalte posten, ignorieren oder blockieren.

Verbringen Sie weniger Zeit online

Deaktivieren Sie die Benachrichtigungen Ihrer Social-Media-Konten und verbringen Sie weniger Zeit online. Wenn Sie sowohl privat als auch beruflich online sind, stellen Sie für beides einen eigenen Zeitplan auf und halten Sie sich daran. Am besten verwenden Sie Ihre Energie auf wichtigere Aspekte Ihres Lebens, zum Beispiel auf Ihre engen Beziehungen, Ihre Familie und Ihre Gesundheit.

Legen Sie mehr Wert auf Zeit mit der Familie

Wenn Sie keine sozialen Medien nutzen, schalten Sie Ihr Telefon stumm, damit es Ihre anderen Aktivitäten nicht stört. Wenn Sie zu Hause nicht telefonieren, lernen Ihre Kinder, wie wichtig es ist, Zeit mit der Familie zu verbringen.

Vertrauen Sie Online-Freunden nicht vorschnell

Wenn Sie online einen Fremden interessant finden, sollten Sie nicht zu schnell zu viel von sich preisgeben. Wenn Sie einem Fremden zu schnell persönliche Informationen geben, kann er diese später gegen Sie verwenden. Denken Sie daran, dass das, was schlechte Menschen online zeigen, nur eine Fassade ist, um einen guten ersten Eindruck zu machen. Achten Sie auf Ungereimtheiten, die verraten, wer sie wirklich sind.

Um herauszufinden, ob die Menschen in Ihrem Leben oder in Ihrer Umgebung manipulativ sind, führen Sie ein Tagebuch über Ihre Interaktionen mit ihnen und denken Sie darüber nach, wenn Sie sich beruhigt haben.

Wie haben Sie auf eine kürzlich erfolgte negative Handlung reagiert?

____

____

____

Welche Fehler haben Sie gemacht, als Sie Ihre Grenzen zum Ausdruck gebracht haben, und was würden Sie jetzt anders machen?

____

____

____

Betrachten Sie eine Grenze als eine feste Mauer, die Sie von anderen Menschen trennt? Es gibt keine sichtbaren Grenzen, aber klare Gefühle können für ein gesünderes Leben und gesündere Beziehungen ausgedrückt werden. Grenzen sind eine Möglichkeit, anderen mitzuteilen, was man verdient, was man will und wie man behandelt werden möchte. Mit Grenzen kann man besser auf sich selbst aufpassen. Deshalb ist es wichtig, das Setzen von Grenzen zu beherrschen. Grenzen zu setzen, ohne sie durchzusetzen oder aufrechtzuerhalten, bringt wenig.

Sie brauchen sich nicht schlecht zu fühlen, wenn Sie anderen zeigen, was Sie glücklich, zufrieden und produktiv macht. Seien Sie nicht zu streng mit sich selbst, wenn andere Ihre Grenzen überschreiten, weil sie vielleicht nur versuchen, ihre eigenen Bedürfnisse zu befriedigen. Sie können Ihre Grenzen flexibel gestalten, um anderen entgegenzukommen, oder starr, um sie fernzuhalten.

Wie auch immer Sie sich entscheiden, halten Sie sich an das, was Sie als angenehm empfinden. Wenn Sie eine Ausnahme machen, um die Bedürfnisse einer anderen Person zu erfüllen, machen Sie deutlich, dass Sie dies aus einem bestimmten Grund tun. Auf diese Weise geben Sie der Person zu verstehen, dass Sie ihr diesen Gefallen nicht noch einmal tun werden – je effektiver Ihre Grenzen sind, desto besser sind das Ergebnis und der Erfolg.

Schlussbemerkung

Grenzen zu setzen ist die beste Art, anderen zu sagen, wie sie Sie behandeln sollen. Die Grenzen, die Sie sich selbst setzen, helfen Ihnen, zu wachsen und im Leben viel zu erreichen. Um das Drama und Chaos zu vermeiden, das entsteht, wenn man keine Grenzen setzt, ist es besser, diese von Anfang an in einer Beziehung festzulegen und zu kommunizieren.

Die festen Zeiten, zu denen Sie essen, zur Arbeit gehen und Zeit für sich selbst haben, sind das Ergebnis der Grenzen, die Sie gesetzt haben. Andere mögen mit Ihren Grenzen nicht einverstanden sein, aber denken Sie daran, dass es um Ihr Wohlbefinden geht und nicht um das der anderen. Wenn Sie immer versuchen, es anderen recht zu machen, berauben Sie sich selbst Ihres Glücks. Gewöhnen Sie sich daher an, „Nein" zu sagen, wenn es notwendig ist.

Die Menschen werden sich an Sie erinnern, weil Sie sie einmal abgewiesen haben, obwohl Sie sie eine Million Mal hätten zufriedenstellen können. Warum sollten Sie sich solchen seelischen Qualen aussetzen? Seien Sie entschlossen, Ihre Wünsche ohne Schuldgefühle zu äußern, und die anderen werden Ihre Haltung akzeptieren.

Dieses Buch zeigt Ihnen, wie Sie Schuldgefühle vermeiden und gesunde Grenzen setzen können. Die Anleitungen sind in einfacher Sprache geschrieben, damit sie leicht zu verstehen und anzuwenden sind. Vielleicht fühlen Sie sich in vielen Dingen unsicher, aber in den vorangegangenen Kapiteln haben Sie gelernt, wie Sie diese Unsicherheit in Selbstvertrauen umwandeln können.

Unsicherheit kann auf ein geringes Selbstwertgefühl hindeuten, das Sie anfällig für Grenzverletzungen und Manipulation macht. Ihre Beziehung wird nicht darunter leiden, wenn Sie lernen, die Fehler zu vermeiden, die sie zerstören können. Wachstum ist ein kontinuierlicher Prozess. Sie müssen weiter lernen und Dinge tun, die Ihr Leben einfacher und angenehmer machen.

Elternschaft ist schwierig, aber wir haben Ihnen Werkzeuge an die Hand gegeben, wie Sie mit schwierigen Familienmitgliedern umgehen und das Verhalten Ihres Kindes verbessern können. Manche Familienmitglieder wollen, dass Sie ihre Aufgaben übernehmen, auch wenn Sie sich dabei nicht wohl fühlen. Sie werden jemand anderen finden, den sie ausnutzen können, wenn Sie zusammenbrechen. Sich selbst zu verlieren, um anderen zu gefallen, ist wie eine vorübergehende Lösung für ein langfristiges Problem.

Haben Sie Freunde, die alles und jeden nur negativ sehen? Mit solchen Freunden sollte man nicht immer versuchen, einen Standpunkt zu beweisen. Manchmal sollten Sie es vermeiden, mit ihnen zu streiten, um psychischen Stress zu vermeiden, aber wenn die Giftigkeit unerträglich wird, sollten Sie in Betracht ziehen, sich von ihnen zu trennen.

Negativität ist schlecht für die psychische Gesundheit, und Sie sollten vermeiden, sich mit Negativität zu umgeben. Es gibt zu viele giftige Menschen auf der Welt, die versuchen, Ihren Geist mit ihrer Negativität zu ersticken, aber Sie müssen ihnen widerstehen.

Ein Vorgesetzter erwartet vielleicht, dass Sie weiterhin alles tun, was er von Ihnen verlangt. Wenn Sie nach seiner Pfeife tanzen, verlieren Sie Ihre Freiheit. Anstatt zu versuchen, es allen recht zu machen, um Gefälligkeiten zu erhalten, können Sie fröhlich bei der Arbeit sein, sich aufrichtig um Ihre Kolleginnen und Kollegen kümmern und nur die Aufgaben übernehmen, die Sie effektiv erledigen können.

Lassen Sie zu, dass Sie befördert werden, weil Sie sich durch Ihr Potenzial und Ihre Leistung dafür qualifiziert haben, und nicht, weil Sie dafür entschädigt werden wollen. Wenn Sie sich für eine Beförderung qualifiziert haben, möchte das Unternehmen Sie nicht verlieren. Versuchen Sie nicht, Ihre Persönlichkeit zu verstellen oder zu viele Aufgaben zu übernehmen, in der Hoffnung, dass alle Sie mögen. Nur wer sich mit Ihren wahren Werten und Normen identifizieren kann, wird Sie mögen.

Echte Begegnungen und Erlebnisse schaffen echte Beziehungen. Bleiben Sie authentisch, und Sie werden echte Freunde gewinnen. Grenzen erlauben Ihnen, Sie selbst zu sein, und Sie sollten nie aufgeben, dafür zu sorgen, dass sie hochwirksam sind.

Hier ist ein weiteres Buch von Andy Gardner, das Ihnen gefallen könnte

Literatur

Charlie. (2020, June 17). 5 tips to maintain healthy boundaries (and not feel guilty). Www.yourtimetogrow.com. https://www.yourtimetogrow.com/5-tips-to-maintain-healthy-boundaries-and-not-feel-guilty/

Boundaries: What are they, and how to create them. (n.d.). Uic.edu. https://wellnesscenter.uic.edu/news-stories/boundaries-what-are-they-and-how-to-create-them/

Brady, K. (2019, June 5). 5 types of boundaries for your relationship. Keir Brady Counseling Services. https://keirbradycounseling.com/relationship-boundaries/

Ferguson, P. L. (n.d.). Boundaries as a recovery concept by. Peggyferguson.com. http://www.peggyferguson.com/userfiles/10846/file/articlespdf/Boundaries%20as%20a%20Recovery%20Concept.pdf

Hazelden Publishing. (1989). Setting Boundaries. HarperCollins.

Healthy vs. Unhealthy boundaries. (n.d.). Healthyrelationshipsinitiative.org. https://healthyrelationshipsinitiative.org/healthy-vs-unhealthy-boundaries/

Menachem, S. (2022, August 10). Healthy vs. Unhealthy boundaries. Menachem Psychotherapy Group. https://menachempsychotherapygroup.com/healthy-vs-unhealthy-boundaries/

Morin, M. (2021, November 12). How to Set Boundaries and Not Feel Guilty (Five-Step Plan to Create Boundaries). Morin Holistic Therapy. https://morinholistictherapy.com/how-to-set-boundaries-and-not-feel-guilty-five-step-plan-to-create-boundaries/

Assertiveness. (n.d.). Psychology Today. https://www.psychologytoday.com/us/basics/assertiveness

Being assertive: Reduce stress, communicate better. (2022, May 13). Mayo Clinic. https://www.mayoclinic.org/healthy-lifestyle/stress-management/in-depth/assertive/art-20044644

Brigham, T. (2022, February 4). 5 psychological tricks that will make you look and feel more confident, according to a psychotherapist. CNBC. https://www.cnbc.com/2022/02/04/psychological-tricks-that-will-make-you-look-and-feel-more-confident-in-front-of-others.html

Brigham, T. (2022, February 4). 5 psychological tricks that will make you look and feel more confident, according to a psychotherapist. CNBC. https://www.cnbc.com/2022/02/04/psychological-tricks-that-will-make-you-look-and-feel-more-confident-in-front-of-others.html

Guide to good posture. (2017). Bones, Joints and Muscles. https://medlineplus.gov/guidetogoodposture.html

7 tips for handling conflict in your relationship. (2016, November 4). One Love Foundation. https://www.joinonelove.org/learn/handling_conflict/

Barrie, Z. (2016, August 10). 5 signs you're dating someone who is trying to change you. Elite Daily. https://www.elitedaily.com/dating/signs-dating-someone-change-you/1578738

Beck, M. (2011, December 6). A fair fight: Healthy conflict creates healthy boundaries. Martha Beck. https://marthabeck.com/2011/12/a-fair-fight-healthy-conflict-creates-healthy-boundaries/

Chatel, A. (2016, June 15). How to deal with A partner who can't handle conflict. Bustle. https://www.bustle.com/articles/166961-how-to-deal-with-a-partner-who-cant-handle-conflict

How to set boundaries with family. (n.d.). Psychology Today. https://www.psychologytoday.com/us/blog/pain-explained/201912/how-set-boundaries-family

Radin, S. (2019, November 13). How to create boundaries with toxic family members. Allure. https://www.allure.com/story/toxic-family-how-create-boundaries

Simperingham, G. (2013, April 29). The importance of healthy boundaries in the family. The Way of the Peaceful Parent. https://www.peacefulparent.com/can-you-maintain-and-model-healthy-boundaries/

Pincus, D., & Lmhc, M. S. (2013, May 14). How to set healthy boundaries with your child. Empowering Parents. https://www.empoweringparents.com/article/parental-roles-how-to-set-healthy-boundaries-with-your-child/

Simperingham, G. (2013, April 29). The importance of healthy boundaries in the family. The Way of the Peaceful Parent.

https://www.peacefulparent.com/can-you-maintain-and-model-healthy-boundaries/

Encouraging good behaviour: 15 tips. (2020, September 24). Raising Children Network. https://raisingchildren.net.au/toddlers/behaviour/encouraging-good-behaviour/good-behaviour-tips

Bansal, V. (2021, November 11). How to deal with negative people without going crazy. TechTello. https://www.techtello.com/how-to-deal-with-negative-people/

Beard, C. (2019, June 26). How to deal with negative people. The Blissful Mind. https://theblissfulmind.com/how-to-deal-with-negative-people/

Chua, C. (2010a, June 28). 9 ways to manage people who bother you. Lifehack. https://www.lifehack.org/articles/communication/9-ways-to-manage-people-who-bother-you.html

Chua, C. (2010b, August 9). 9 helpful tips to deal with negative people. Lifehack. https://www.lifehack.org/articles/communication/9-helpful-tips-to-deal-with-negative-people.html

Edelstein, A. (2022, September 21). How to deal with a negative friend —. Austin Therapy and EMDR. https://www.austintherapyemdr.com/blog/how-to-handle-negative-friend-partner

10 signs you're a chronic people pleaser—and how to stop. (n.d.). Career Contessa. https://www.careercontessa.com/advice/people-pleaser/

Castrillon, C. (2022, July 6). 10 ways to stop being A people pleaser at work. Forbes. https://www.forbes.com/sites/carolinecastrillon/2022/07/06/10-ways-to-stop-being-a-people-pleaser-at-work/?sh=728d770d2c36

Hlatswayobusisiwe, P. by. (2021, August 18). Are you a people pleaser? 5 reasons why you are not getting promoted. Black Women in the Workplace. https://blackwomenintheworkplace.com/2021/08/18/are-you-a-people-pleaser-5-reasons-why-you-are-not-getting-promoted/

Raypole, C. (2019, December 5). People pleaser: 22 signs and tips. Healthline. https://www.healthline.com/health/people-pleaser

Shethna, J. (2016, July 15). Why being a people-pleaser is bad for professional life? EDUCBA. https://www.educba.com/ways-you-can-stop-being-a-people-pleaser/

Elizabeth Earnshaw, L. (2020, January 2). I'm A therapist & here are 6 things people get wrong about boundaries. Mindbodygreen. https://www.mindbodygreen.com/articles/common-mistakes-people-make-when-setting-boundaries

Hailey, L. (2022, April 15). How to set boundaries: 5 ways to draw the line politely. Science of People. https://www.scienceofpeople.com/how-to-set-boundaries/

Lee, C. I. (2022, June 12). 10 common mistakes when setting personal boundaries. LA Concierge Psychologist. https://laconciergepsychologist.com/blog/mistakes-setting-personal-boundaries/

Martin, S. (2022, September 9). 5 boundary mistakes. Live Well with Sharon Martin. https://www.livewellwithsharonmartin.com/boundary-mistakes/

What are Personal Boundaries? (n.d.). Berkeley.edu. https://uhs.berkeley.edu/sites/default/files/relationships_personal_boundaries.pdf

Martin, S. (2019, June 18). 5 tips that make setting boundaries easier. Live Well with Sharon Martin. https://www.livewellwithsharonmartin.com/tips-for-setting-boundaries/

Pattemore, C. (2021, June 3). 10 ways to build and preserve better boundaries. Psych Central. https://psychcentral.com/lib/10-way-to-build-and-preserve-better-boundaries

Neda Brasanac, M. (2022, June 6). What to do when someone crosses your boundaries (again). Real Life Counselling. https://www.reallifecounselling.com/2022/06/what-to-do-when-someone-crosses-your-boundaries-again/

Eatough, E. (n.d.). How to stand up for yourself: 8 ways to make it work. Betterup.com. https://www.betterup.com/blog/how-to-stand-up-for-yourself

Stebbins, P. (2016, April 8). Difficult conversations: Aggression, manipulation & emotion. Linkedin.com. https://www.linkedin.com/pulse/difficult-conversations-aggression-manipulation-emotion-stebbins

(N.d.). Lovegrowbehappy.com. https://www.lovegrowbehappy.com/boundaries-on-social-media

9 798334 764668